金色乡村
Jinsexiangcun

如何创办农村小企业

Ruhe Chuangban Nongcun Xiaoqiye

张光辉 编著

东北财经大学出版社 大连
Dongbei University of Finance & Economics Press

图书在版编目（CIP）数据

如何创办农村小企业 / 张光辉编著 . —大连 ：东北财经大学出版社，2011. 8
（金色乡村）
ISBN 978-7-5654-0559-4

Ⅰ. 如… Ⅱ. 张… Ⅲ. 乡镇企业：中小企业-企业管理-基本知识-中国 Ⅳ. F279. 243

中国版本图书馆 CIP 数据核字（2011）第 182881 号

东北财经大学出版社出版
（大连市黑石礁尖山街 217 号 邮政编码 116025）
教学支持：（0411）84710309
营 销 部：（0411）84710711
总 编 室：（0411）84710523
网 址：http：//www. dufep. cn
读者信箱：dufep @ dufe. edu. cn
大连北方博信印刷包装有限公司印刷 东北财经大学出版社发行

幅面尺寸：160mm×230mm 字数：180 千字 印张：11 1/4
2011 年 8 月第 1 版 2011 年 8 月第 1 次印刷

责任编辑：孙 平 吴 茜 高 铭 包利华 车 锐 责任校对：贺 鑫
封面设计：冀贵收 版式设计：钟福建

ISBN 978-7-5654-0559-4
定价：22. 50 元

前 言

创业，是一个诱人的字眼。正因为人们不断地创业，社会才总是朝气蓬勃、充满变化、充满机遇。可以说，大部分就业岗位是由不断涌现的新创企业创造的，经济活力的大部分也是由众多的新创企业带来的，社会主义新农村建设同样离不开新创企业。时代呼唤创业，时代造就农民企业家！

创业不仅是为了谋生和追求财富，更是一种对自己理想的追求。创业是一种充分实现自我的途径，是发挥个人潜能的舞台。创业是人生，创业是改变命运，创业是一种生活方式，创业是对自己的修炼。创业在为创业者带来财富、丰富创业者的人生、提升创业者的价值的同时，也带动了乡里乡亲脱贫致富，有效促进了农村经济的发展。

创业是人生规划的一个重要选择，特别是在目前知识经济及经济全球化高速发展、就业压力较大的形势下，广大农民朋友不一定非得上大学，也不一定非得进城打工，完全可以选择走自主创业之路。

我国政府非常重视三农问题，农村创业的政策环境和社会环境不断得到改善，当下的农村正掀起一股创业的热潮，各式各样的农村小企业纷纷涌现。农村创业不再是一个遥不可及的梦，而是实实在在发生在我们身边的平常事。然而，要把脑海中美好的设想变成现实，再到成功运作一个企业，却不是一件容易的事情，其中有很多艰难困苦。为了顺利创业，取得创业成功，我们应当学习一些创业知识，吸取别人的经验，从而少走一些弯路，提高创业成功率。

本书的编写目的就是帮助农村创业者解决创业时的一系列问题。本书从创业环境分析开始，到创业项目的选择、创业计划的制订、创业融资，再到企业登记注册和企业管理，对整个创业过程进行了阐述，旨在为创业者从选择创业项目到企业开始运营作一个全程的辅导。书中内容涵盖创办新企业的各个领域，从最开始如何寻找创业机会，到最后如何搞好产品销售，逐步展开每一个环节，并详细说明，将创办企业的主要内容呈现给读者。为了做到通俗易懂，避免单纯的概念和理论阐述，本书引用了大量案例和有关资料，从而使内容生动明了、丰富多彩、实用可取。读者可通过阅读案例加深对概念和理论的理解，也可通过阅读案例受到启发，改进企业管理工作。希望本书可以作为农村创业者的创业“顾问”或者创业“秘书”，或者作为创业者的“良师益友”，能帮助创业者解决创业中所遇到的疑难问题，并帮助创业者在创业道路上开启一片属于自己的天地。

本书由华南农业大学张光辉教授编著。在本书编写过程中，研究生邓育文、陈昌湾、邓葵璋、刘建强、黄秋容、张守婷做了一些资料搜集和整理工作；本书还参阅了许多文献资料，吸收了有关方面的成果；东北财经大学出版社孙平先生为本书出版付出了辛勤劳动，在此一并表示衷心的感谢！

由于编写时间紧迫，书中难免存在一些疏漏和不足之处，恳请读者不吝赐教，以便修订再版时加以改正、提高。

编著者

2011 年 8 月

目　录

第一章　咱们也能当老板

❀ 引例

鹤山乡实施青年创业“千人计划”

2011年1月6日讯 “青年创业要从‘1’开始，即必须有强烈的创业欲望，勇敢地迈出第一步……” 前不久，宁阳县鹤山乡会议室里掌声阵阵，来自全乡各行各业的200余名有志青年济济一堂，听取泰安凌云集团董事长郑衮修所作的创业辅导报告。

当天上午，在以“建功·创业·活力”为主题的“激扬青春、建功鹤山”首届青年创业论坛上，来自泰安凌云集团、山东德联集团等的4名创业典型先后登台发言。身边人成功的创业故事，深深地打动了在场的每位有志青年。

记者在采访中了解到，为了激活青年创业群体，乡党委实施了青年创业“千人计划”，用3年左右的时间，培养1 000名创业成功者。为此，乡里成立了“青年创业致富俱乐部”，由乡内有志于创业的人员自愿参加，目的是搭建青年创业平台、交流青年创业经验、展示青年创业致富风采，通过开展创业信息提供、咨询服务、各种创业技能和项目培训等丰富多彩的创业活动，为青年创业提供全面、快捷的服务。乡里聘请20名县内企业家为该乡“千人计划”的“创业保姆”。同时，乡里还精心策划组织了“九皋有约、激扬青春”论坛，邀请成功人士作创业辅导报告。

该乡党委书记纪维建对记者说，为实现“打造特色之乡，建设幸福鹤山”的目标，乡里确定了“立人兴业、富民强乡”战略。“立人”，首先要把年轻人立起来，让他们勇立潮头、建功立业，只有激活了青年这一群体，乡里经济、社会的跨越发展才能实现。

资料来源　张培国、王玲：《鹤山乡实施青年创业“千人计划”　聘请企业家担任“创业保姆”》，载中华泰山网，www.my0538.com/article-82583-1.html，2011-01-07。

看了引例，你应该知道，在农村创业不再是一个遥不可及的梦，而是各地政府正在向农村推行的一项新举措。创业不一定是城市富家人的专利，农村居民也可以创办自己的企业。创业也不仅限于工业类的，果园、蔬菜园、养殖场、农家饭店、农业旅行社等都可以成为创业项目，而且是农村创业优先考虑的。只要你有创业的意向，并为这个目标学习和掌握有关的知识，不断实践、不断探索，在农村的你，也能创办自己的企业，成就一番事业。

一、农村大有作为

或许还有很多人仍然认为农村是落后、贫困的代名词，其实改革开放以后，我国的经济水平有了很大提升，农村居民的生活也大大改善。党的十六届五中全会已明确提出了支持三农的政策，农村、农业和农民问题成为党和政府工作的重点。近些年来，各地区的农村都享受到国家各方面的优惠政策，如农业税减免政策、秧苗补贴政策、生猪补贴政策等；随着国家经济水平的提高及对教育的重视，2000 年起全国各地陆续实行了义务教育免学费政策，这在很大程度上减轻了农村家庭的费用支出，也使得越来越多的农村家庭开始有了积蓄，也就是大家习惯上所说的“闲钱”。这些闲钱除了留一部分用于子女接受更高级教育，还有一部分可用于其他投资。

近年来，我国政府为提升农村教育水平，促进农村剩余劳动力向城镇转移，开设了一些实用性培训班，培训如何经营规模农场、农家饭店、农业旅游服务公司、农产品加工厂等，免费让农民通过培训学习一些新技能，从而提升个人的社会生存竞争力。越来越多的农村青年开始投入到创业的大潮中，有些人成为了著名的农民企业家，其创办的公司成为行业的龙头企业。

在农村创办企业，有很多有利条件，特别是随着城镇化进程的加快，城乡统筹的发展，农民得到了更多创业的便利条件。

1. 农村自然资源丰富

农村最大的特点就是地大物博，农村土地辽阔，自然资源非常丰富。目前我国广大农村的资源开发力度较低，资源开发利用率也较低，造成大量资源的闲置和浪费，无法促进农村资源优势向经济优势的转变。通过创业，可以将各种资源有效地组织起来，从而实现资源的经济价值。

（1）农村有大量剩余劳动力资源

所谓农村剩余劳动力，简单来说，就是指农村中由于拥有的知识和能力有限或者因为其他原因而造成失业或者难以就业的劳动者。如果你要创办企业，那么你就需要员工，而你选择员工的原则就是既能完成工作又不至于花费太多的成本。例如，如果你要创办的是种植养殖场，那么在创业初期资金不足的情况下，农村剩余劳动力资源就是你的一大资源，这些人具有一定从事农业工作的经验，只要再请一些较专业的人士教他们如何更科学地种植或者养殖，他们就能很好地完成所指派的工作任务。农民一般的特性就是不怕累、不怕脏，只要有收获，他们工作就会很拼命，而且他们对土地有一种特别的亲切感。从古至今，流传着这么一句话："土地是农民的根。"这句话很贴切地形容了农民与土地的密切关系。所以，在农村创办企业，可以充分利用农村剩余劳动力这一资源。

（2）农村有大量土地资源

农村的土地面积大，租金远比城市便宜，而且农村大多有天然的山地、丘陵、平原、小溪、河流和湖泊等，土地资源丰富。农村的土地适宜种植和养殖，而且农村的风景优美，较少遭到人为破坏，有很多适合开发为旅游景点。基于这些优势，农村适合开办及建设种植园、养殖场、加工厂、旅游景区等。

2. 农村基础设施有很大改善

自从改革开放以来，我国的经济水平得到明显提升，农民的收入有很大提高，农村环境得到很大改善。

（1）农村道路交通得到改善

随着国家对"三农问题"的重视和各项政策的提出，尤其是接近城市的农村，获得了较多的国家扶持，各地政府也加大投资力度于农村道路交通建设，加宽了路面，加大了对道路的治理和保养力度，提高了农村道路的质量和利用率。各地政府也很重视村与村之间的道路建设，加快"乡乡通"、"村村通"建设，打造乡村、城镇立体化的交通运输网络。

（2）农村水、电、通讯网络得到改善

现在的农村，大部分已经建立了农村自来水供水系统，并且政府还实行了水价控制政策，现在大部分农村不再依靠井水、溪水或者河水生存，这在一定程度上起到了保护环境和保护农村村民健康的作用。政府加强了农村电网改造，控制电价、提高电量，促进了农村工程开发；完善了农村通讯网络，普及了电脑技术等，促进了农村信息化建设。当然，不可能说每个农村都得到很好的发展，但是普遍来说，农村的生活水平都得到了提升。

3. 农村教育得到改善

近年来，随着九年义务教育的普及，农村学生有机会接受更多的教育，接触到越来越多的知识。而通过高考考上大学的农村学生也越来越多，说明农村居民通过学习获得知识的能力在增强。从一定程度上来说，农村居民缺少的是机会，而不是能力。接受过高等教育的农村青年，自身各方面的素质都得到更进一步的提高，他们将成为现代化农业的新生力量。由于我国农村人口在整个国家人口中占有很大比重，所以，要提高国民整体素质，重点要提高农村人口的素质。因此，国家在教育上，对农村学生的高等教育更加重视，如助学贷款等政策的提出，主要就是为了解决农村学生读大学困难的问题。随着越来越多的农村居民接受了更多的教育，农村居民的内在知识、能力、素质和观念都得到一定程度的提升。教育使得农村青年的思想水平、科学文化素质和一些专业技术等都得到一定的提高。

为了提高农村人口的就业率，各地政府为农民开设了一些就业所需技巧的培训课程，这些措施不仅有利于农村居民整体素质的提高，也有利于其成功创办企业。

农村教育的发展，为其各方面的发展创造了必要的条件，为开办农村小企业提供了直接的动力。

4. 农村创办小企业的优惠政策

❀ 小案例

对新创办的小企业的扶持政策

2010 年年末，在深圳南山工作的赵先生，寄了一封信到家乡所在县的县长信箱，主要是想了解回乡创业的有关优惠政策，县人事局给他回了信，主要内容如下：

首先感谢你对家乡的关注和支持！西乡县政府在2009 年发布的《关于引导和鼓励农民工返乡创业实施意见的通知》（西政发［2009］4 号）可回答你提出的问题，具体优惠政策如下：

凡在西乡县外务工 1 年以上（有务工所在地企业、单位或居委会或务工所在地、户口所在地村级以上证明）、有相对固定的工作或经济实体，愿意回乡投资创业，且创业项目符合国家产业政策，投资在 10 万元以上，并能够创造一定经济效益的西乡籍外出农民工，均可享受农民工返乡创业有关优惠政策。具体操作办法是：回乡创业农民工凭有关部门证明，经乡镇劳动保障事务所登记、审核，县劳动服务就业局认定后，发给《回乡创业优惠证》，凭此证享受下列优惠政策：

1. 用地政策

(1) 外出农民工回乡从事生产经营需占用土地，固定资产投资规模达到200万元以上，符合土地利用总体规划、国家产业供地政策的，县国土局应优先审（报）批土地，征（占）用土地过程中产生的各种规费，属县本级收取的减半征收。(2) 从事种、养殖业，兴办“农家乐”需占用农业用地的，按农业用地相关政策审批，适当减免县本级收取的相关规费。通过租赁等流转方式取得集体土地承包权用于养殖业生产的，其经营年限可适当放宽，具体年限由双方约定。(3) 开发“四荒地”、承包林地的经营年限可放宽到70年。在承包期限内，其承包经营权可以继承，并可依法采取转让、转包、出租、互换、入股等方式进行流转。(4) 鼓励回乡创业农民工通过租赁、承包等合法方式利用闲置土地、闲置厂房、镇村边角地、农村撤并的中小学校舍等场地进行创业。允许通过村庄整治等方式盘活集体建设土地存量，将置换出来的集体建设用地优先用于农民工返乡创业，减半收取县本级规费。

2. 税费减免

(1) 开辟外出农民工回乡创业登记服务“绿色通道”。申办专业合作社、申请设立农村经纪企业的，3年内免收注册登记费和年检费；从事农村个体经济活动，其经营活动在乡村的，减半收取注册登记费。(2) 外出农民工回乡创业兴办服务型企业（国家限制的行业除外），当年新招用下岗、失业人员（含高校毕业生、退伍军人、城乡其他失业人员）达到职工总数30%（含30%）的，3年内可享受在相应期限内定额依次减免营业税、城市建设配套费、教育附加费；按规定缴纳的企业所得税地方留成部分，由财政部门采取“以奖代补”方式返还给企业。符合社会保险补贴政策的，按照有关规定办理（具体税费减免额度以国家税收政策为准）。(3) 凡回乡创业农民工到城镇和工业园区投资办厂，可纳入城镇和工业园区建设规划，所创办企业享受招商引资优惠政策。

3. 奖励扶持

(1) 回乡创业农民工兴办的项目，建成投产（试产）后，按其完成的实际投资额不同，分别给予项目业主、项目引线人一次性奖励，奖励资金从其实现的地方税收中列支。具体奖励办法是：投资额达50万~100万元、吸纳就业30人以上的，奖励项目业主、项目引线人各1 000元；投资额达100万~200万元、吸纳就业50人以上的，奖励项目业主、项目引线人各2 000元；投资额达200万~500万元、吸纳就业80人以上的，奖励项目业主、项目引线人各4 000元；投资额达500万元以上、吸纳就业超过100人的，奖励项目业主、项目引线人各10 000元。(2) 县政府每年从服务家乡经济建设成绩突出的回乡创业农民工中评选出“回乡创业十佳标兵”，给予物质、精神奖励；对在外出农民工回乡创业服务工作中表现突出、成绩显著的单位和个人，县政府给予表彰奖励。

4. 资金帮扶

(1) 回乡创业农民工证照齐全的房屋产权、机器设备、大件耐用消费品和有价证券以及注册商标、发明专利等无形资产均可作为抵（质）押品，向金融机构申请贷款。探索用土地流转经营权、商品林权、农房、农业生产用房作为抵押，以担保贷款方式为农民工回乡创业提供贷款。(2) 对外出回乡创业农民工优先给予小额担保贷款支持。贷款额度一般为5万元左右，特殊情况可适当放宽，采取合伙方式兴办企业的，可放宽到20万元；对投资额超过500万元、稳定就业超过100人以上的，可以申请不超过100万元的小额担保贷款。具体贷款额度由经办银行与担保机构根据其经营项目和个人信用及还贷能力决定，贷款期限为2年，到期确需延长的，可延期1次，期限为1年（延期阶段不贴息）。(3) 建立外出农民工回乡创业专项基金。县财政每年从中小企业发展资金和再就业资金中各拿出50万元，作为外出农民工回乡创业等贷款贴息和奖励，重点支持企业新产品开发、新技术应用等。(4) 建立外出农民工回乡创业项目扶持制度。对外出农民工回乡兴办的项目，在符合有关资金使用方向、原则的前提下，国家有关专项资金可以扶助；符合扶贫贷款贴息条件的，优先给予扶贫项目贷款贴息；符合农业产业化贴息条件的，优先给予贴息，并适当降低贴息审批条件。

有关详细内容请查看以下网址：xixiang. 678114. com/Html/zhengfu/wenjian/2009022066E11029_ 2. htm。

资料来源 《对新创办的小企业的扶持政策》，载陕西省西乡县人民政府门户网站，www. snxx. gov. cn/gzcy/ldxxxy. jsp? urltype = leadermail. LeaderMailContentUrl&leadermailid = 1496，2010-12-03。

2006年，在第十届全国人民代表大会第四次会议通过的《中华人民共和国国民经济和社会发展第十一个五年规划纲要》中，实施“中小企业成长工程”被列入“十一五”规划。创业工作开始得到各地政府的高度重视。例如：山西、湖北、河北等省主要领导亲自批示部署创业工作，并将创办小企业工作作为工作重点；吉林省政府提出了全民创业的号召，开展了“中国吉林创业、就业论坛”活动和“万名国企下岗员工进民企”活动，在社会上产生了很大的反响；重庆市政府把创业列入“民心工程”；广西柳州市把创业纳入市领导工作的考核目标；上海市把鼓励创业列为2005年市政府十件实事项目之首。同时各地政府也纷纷出台推动创业的政策方略。

《中华人民共和国中小企业促进法》和《国务院关于鼓励支持和引导个体私营等非公有制经济发展的若干意见》发布以来，各地区、各部门高度重视，出台了一系列配套文件和具体措施，其主要优惠政策包括以下几方面：

（1）在市场准入方面：政策逐步放宽。贯彻平等准入、公平待遇原则，铁路、民航、军工、文化等领域正在逐步向非公有资本开放。允许外资进入的行业和领域，也允许国内非公有资本进入，并放宽股权比例限制等方面的条件。2006年1月1日开始实施的《中华人民共和国公司法》（以下简称《公司法》）取消了按照公司经营内容区分最低注册资本额的规定，将有限责任公司最低注册资本额降至人民币3万元，并允许公司按照规定的比例在2年内分期缴清出资，降低了公司设立的“门槛”。

（2）在税收政策方面：国家针对失业人员创立的中小企业和当年吸纳失业人员达到国家规定比例的中小企业，在少数民族地区、贫困地区创办的中小企业，安置残疾人员达到国家规定比例的中小企业，在一定期限内减免所得税。2005年《国务院关于进一步加强就业再就业工作的通知》（国发［2005］36号）对持“再就业优惠证”的人员从事个体经营的，继续给予减免营业税、城市维护建设税、教育费附加和个人所得税，免收属于管理类、登记类和证照类的各项行政事业性收费的政策。同时，将再就业优惠证发放范围扩大到国有大集体下岗人员，并要求各级政府和有关部门进一步统筹解决好自谋职业和自主创业人员的经营场地问题。对持证创业继续提供小额贷款支持。

（3）在融资方面：银监会发布了《银行开展小企业贷款业务指导意见》，从政策、机制、程序和方法等方面对银行开展小企业贷款业务提出了具体措施；国家开发银行开发了“两台一组”（贷款平台、担保平台和群众组织）的中小企业贷款模式，为缓解融资难开辟了新的渠道；建设银行、广发银行、民生银行等商业银行针对中小企业贷款难的问题进行了积极的探索，制定了一些切实可行的扶持措施。

二、农村经济发展需要大量企业家

❀ 小案例

企业家徐在山造福红光村

在哈尔滨近郊，风光秀丽的松花江边，坐落着一个只有246户，798人的小村庄——哈尔滨市道外区团结镇红光村。多年来，这个村一直保持人均年收入全省第一、村民基本养老金全省第一，各项指标均在黑龙江省百强先进村的排头的成绩。

这个村的掌门人，村党委书记、红光锅炉集团有限公司董事长兼总经理徐在山，是位朴实干练、有着丰富创业经历的农民企业家。自1959年下乡来到红光村，就在这里开始创业，一干就是50年。1984年4月底，大邱庄改革成功的经验让他按捺不住急切的心情，只身到大邱庄学习考察。回村后，他向领导班子介绍了大邱庄见闻，提出了改革设想，随后制订了包括管理体制、经营机制、分配制度等在内的一整套改革方案。

他大胆地把生产大队管理模式改为公司管理模式，各经营实体独立核算，人、财、物自主管理，有独立对外经营自主权，自负盈亏。经过几年努力，种鸡场成为饲养5万只蛋种鸡和年孵化150万只种鸡雏的黑龙江省一级种鸡场，被评为“全国优秀家禽养殖企业”。

他重点发展市场潜力大的锅炉制造和压力容器项目，把锅炉铆焊厂更名为小型锅炉厂，把铆焊车间改造成压力容器厂。小型锅炉厂成为“红光的脊梁”；压力容器厂成为“红光的臂膀”。在管理上推行“五包四定”等集体联产承包经济责任制，进而调动起各方积极性。村里先后创办了红光铸铁锅炉厂、锅炉辅机制造厂、换热器厂、给水设备厂、红光锅炉安装公司、红光制药厂、红光冰棍厂、红光水泥预制构件厂、红光油脂化工厂、红光药店、锅炉辅机商店等10多个企业，使红光人开始走向富裕。

红光村的快速发展，引起了社会的高度关注。“乡镇学团结，企业学红光”、“黑龙江省第一村”等称誉也纷至沓来。红光村实现了“全国争一流，全省争排头，全市争第一”的目标。2008年村集体企业实现产值5.3亿元，利税4 000万元，产值、利税比上一年翻了一番。现在退休的村民已享受到国营职工的退休待遇，由社保发放的月退休养老金都在800～1 500元，另外企业每月每人补贴文体娱乐费300元。红光村被黑龙江省定为“全省新农村建设的重点示范村”。

在他的带领下，公司曾先后荣获“全国五一劳动奖状”、“全国新农村建设百强示范企业”、“全国乡镇先进企业”、“全国诚信先进企业”、“全国CAD应用工程示范企业”、“中国企业信息化五百强”、“省级文明单位标兵”等国家和省市荣誉178项。其中“全国质量管理先进企业”、“全国用户满意企业”、“全国用户满意产品”、“全国用户满意服务”、“全国质量效益型先进企业”等是全国上千家锅炉厂中的唯一获奖单位。

建设和谐家园，徐在山舍得投入。改制后，集团公司为员工补交社会统筹养老保险金和医疗保险金，使村民全部享受社会养老待遇，一次就投入400多万元。

徐在山要把红光村建设成为“全省一流，全国上游”的城乡一体化新农村建设样板村，率先实现农村城市化、工农业现代化、农民市民化。

资料来源　黑龙江新闻网，http：//epaper. hljnews. cn/ncb/html，2010-03-19。

企业家的力量对于农村的发展来说是巨大的，企业家就犹如一支军队的统帅，而农村的村民们就是这支军队的战士。只要企业家的指导方针对了，这个村子的经济就一定会发展起来。从此案例中可以得到启示：我国农村经济发展需要大量像徐在山一样的农民企业家！

改革开放三十多年来，我国经济有了突飞猛进的发展，人民生活水平得到显著的提高，但是相比而言，农村居民收入增长要比城市居民收入增长缓慢得多，城乡居民收入差距有扩大趋势。如果这种状况不及早改变，势必造成农村居民收入与城市居民收入过分悬殊，这不仅不利于逐步缩小城乡之间的差距，消除贫富悬殊的矛盾，而且还会给社会的稳定和国家的长治久安带来负面影响。所以，只有加快发展农村经济，千方百计增加农民收入，才能尽快扭转城乡收入差距不断扩大的趋势。

1. 企业家是农村经济发展的主力军

❀ 小资料

积极争做“千企联千村，共建新农村”行动的带头人

——致全省企业家的倡议书

全省企业家朋友们：

今年中央一号文件指出，农业丰则基础强，农民富则国家盛，农村稳则社会安。中央认为，积极发展现代农业，扎实推进社会主义新农村建设，是从国家事业发展全局出发确定的一项重大历史任务，是全面落实科学发展观、构建社会主义和谐社会和加快社会主义现代化建设的必然要求，是一项功在当代、利在千秋、惠及广大农民群众的民心工程。作为党的改革开放政策的受益者和中国特色社会主义事业的建设者，我们坚决拥护党和政府关于建设社会主义新农村的重大战略决策。建设社会主义新农村，是我们企业界新的发展机遇，更是我们报效社会的应尽责任。

我们愿意积极参加省社会主义新农村建设工作领导小组决定开展的“千企联千村，共建新农村”行动，完全赞成省新农村建设工作领导小组办公室、省农业委员会、省经济委员会、省国有资产监督管理委员会、省工商业联合会提出的行动方案，我们将充分发挥企业自身优势，积极投身于村企结对共建，帮扶带动农村父老乡亲致富奔小康，为建设社会主义新农村、推进城乡统筹协调发展、实现共同富裕贡献光和热。

同时，我们也郑重向全省广大企业家发出以下倡议，希望有更多的工商企业参与“千企联千村，共建新农村”行动。

1. 共谋农村经济发展。我们要充分发挥企业的自身优势，运用现代工业理念和现代市场经济理念，紧紧围绕发展现代农业这个中心，采取各种有效的联系帮扶方式，帮助结对村谋划加快农业和农村经济发展的新思路，大力推进农村“一村一品”和二、三产业发展，把农产品生产加工基地延伸到农村，拓宽农民就业增收渠道，努力构建现代农业产业体系。

2. 共建农村基础设施。我们要努力贯彻“工业反哺农业，城市支持农村”的方针，积极参与农村基础建设。大家可以从各自企业的实际情况出发，积极反哺农业，支持农村发展，拓展农村市场，把农家店开到村里头，大力发展新型农用工业，加快发展农村道路、农田设施、农村饮水、农村环境等基础设施，把企业自身发展和新农村建设有机结合起来，切实改善农村生产生活条件。

3. 共办农村社会事业。在城乡统筹发展过程中，我们企业家应积极为新农村建设献爱心，充分调动企业人才综合优势，改善农村的教育、卫生、文化、体育和社会保障等社会公益事业，加强技术培训，着力培育新型农民，切实提高农民的生活质量。

4. 共育农民文明新风。要学习宣传“八荣八耻”社会主义荣辱观，充分挖掘企业文化优势，开展村企联动的公民道德建设工程，开展形式多样的城乡文明共建活动，帮助农村活跃文化生活，让更多的农民接受现代文明的熏陶，共同营造社会主义文明新风。

企业家朋友们，农村是一个广阔天地，新农村建设为我们企业界报效社会、奉献农民提供了一个难得的机遇，大家要积极争做“千企联千村，共建新农村”行动的带头人，抓紧行动起来，从现在开始，从自身做起，热心结队、积极帮扶、真情支持、全力共建，为社会主义新农村建设伟大事业做出应有的贡献！

倡议人：（略）

2007 年 4 月 30 日

资料来源 《致全省企业家的倡议书》，载中安在线/安徽新闻，http://ah.anhuinews.com/system/2007/05/10/001735794.shtml，2007-05-10。

虽然乡镇企业是带动农村经济发展的主力军，但农村经济发展也需要城市企业下乡以及城乡企业的合作。纵观过去，乡镇企业的发展极大地促进了我国的农村工业化、城市化和现代化的进程。这主要表现在以下方面：

（1）乡镇企业的发展打破了中国农村“以粮为纲”的传统经济格局，促进了农村产业结构的调整，有利于带动农村道路交通建设、建筑行业、加工行业和商业服务业及旅游业等非农产业的发展。

（2）企业家创办的企业，可以成为农村剩余劳动力就业的目标，加速了农村劳动力的流动，活跃了农村市场，加快了农村经济的发展。

（3）农村企业的发展，带动了农村广泛而深刻的变化，如农民收入水平和生活质量的改善，农民生产和生活方式及思想观念的变迁等。

企业家在农村经济发展中的作用主要体现在以下几方面：

（1）创新收入方式。企业家改变农民单一的生产思想，让农民认识到他们的出路并不单单只是作为一个农民，农民也是可以创业的，不应该总认为农民只可以做单调的农活。农村企业家就是农村村民的示范，经营好自己的企业，根据自己的需要采取诸如股份制改造、出售经营权、民营化、私营化等措施进行体制改革和创新，自己受益的同时也给村民带来发展的机会。

（2）培训农民。企业家为了自己的企业发展，会定期给农民进行培训，以增强他们的学习能力和工作能力，促进技术改造，推动产业升级，从而增加产品的科技含量，提高产品的市场竞争力。

（3）发掘新的经营方式。企业家市场开拓能力较强，他们通过对某一农产品进行产业链经营或多产品经营，如实施生态养殖，在养猪的同时，开发渔场，并种植蔬果等，这就使得农民有机会接触更多的生产和经营方式。

(4) 农村企业家自己发家致富后，也会千方百计地帮助其他农民增加收入，造福于村民。

农村企业家作为农村村民的示范，他们的一言一行都足以影响村民的行为，培养和支持更多的农村企业家，可以推动农村经济的发展。

2. 企业家是新农村建设的推动者

在新农村建设中，如果仅靠政府的扶助，农村经济的发展会比较缓慢，同时政府也没有足够的财政资金投资于我国众多的农村，因此，建设新农村，离不开企业家的推动。

农村企业在新农村建设中，可以发挥以下五方面的作用：

(1) 促进农村社会公益事业发展。一些如希望工程、圆梦行动、光彩事业和春暖2007等“工业反哺农业”的项目，一定程度上改变了农村的发展环境，改变了农民子弟的命运，推动了新农村建设的发展。

(2) 促进劳动力资源开发利用。农村企业以家庭作坊的形式起家，发展壮大后，需要大量的外族人员参与企业管理，而农村往往会出现剩余劳动力，企业家可以聘请农村合适的剩余劳动力，对他们进行培训，使他们到自己的企业里工作，从而实现企业发展与推动新农村建设双赢的局面。

(3) 促进农产品开发与农村经济发展。将农村的自然优势、产品优势转变为经济优势，只有靠工业或具有工业特征的其他经济组织形式（包括民营企业）来实现。企业在做强的基础上不断壮大，开发新产品，引领农村不断调整产业结构，生产高效、优质、附加值高的农副产品，使农村成为企业的第一生产车间，进而推动农村经济发展。

(4) 缩小城乡差别。农村企业家通过创办企业，发展了农村经济，增加了农民收入，从而对缩小城乡差距起到重要推动作用。

(5) 促进城乡协调发展。从改革开放的历史看，哪个地方的乡镇企业发展得越快，集体经济结构调整得越快，民营企业发展势头越强劲，哪个地方的商品经济就越活跃，城乡各项事业就越能协调发展，和谐社会建设就更能得到充分体现。

3. 农业龙头企业担负起促进农村经济社会发展的重任

作为农业龙头企业，在追求自身的经济效益的同时，也不能忽视其龙头带动作用，要将带动农民增收致富放在重要的位置上。首先，农业的发展与农业龙头企业的发展是相辅相成的。农业的发展，特别是专业化、社会化、商品化农业的发展，是农业龙头企业的根本，只有夯实了根本，才能有推动企业进一步发展的稳固基础。其次，农业企业的发展对农业的发展又起着重要推动作用，由于企业对市场信息有着全面的掌握和灵敏的反应，这就对推动农业向规范化、专业化、社会化、商品化发展起到了良好的促进作用。在企业的发展进程中，企业的发展与农民的增收致富，两者是相互促进、共赢发展的。再次，企业在发展过程中，还要承担起相应的社会责任。对于重点农业龙头企业来说，带动农民增收致富、推进农业产业化发展、保护好生态环境、为市场提供优质放心的产品就是应当承担的社会责任，因此，企业在发展过程中，必须兼顾自身、农户和政府等多方利益。

三、你也可以成为企业家

创业，你准备好了吗？

创业，可以说是绝大部分人的梦想，大家都想创办自己喜爱的企业，自己当老板，不用当个打工仔。梦想是美丽的，但实现梦想的道路却布满荆棘。在创业前，你应该作些什么样的准备才能不走太多弯路呢？为了成功创业，为了成为一个企业家，你应该学习和掌握哪些创业知识？提高哪些能力和素质？在你作了很多准备后，应该在什么时候正式创办企业呢？后面的章节将会对这些问题作详细解答。

❀ **小案例**

农民吴剑波网上创业

2009 年下半年，原本在四川电力公司工作的吴剑波，放弃了每月上千元的稳定收入，回到自己的农村老家开起了网店，做起了网上销售代理。吴剑波告诉记者，没出过大山的父母，对网络这种虚拟化的新事物难免不理解，房间里没有产品，只有几台电脑，这样也能赚钱，这让他们觉得不可思议。

虽然遭到了反对，吴剑波依然坚持着自己的选择。“反正在外面也是打工，还不如趁年轻回家创业。”吴剑波说，他扮演的是中间商的角色，帮助企业联系生产基地、找到理想货源，靠收取中介费赢利，“现在，我在网上已经开了 12 家分店，拿到了 12 家企业的代理权，今年收入大概在 12 万元。”

吴剑波开网店致富的消息不胫而走，当地一些农村青年纷纷向他“拜师学艺”，尝试在网上创业。“开了网店，卖些专业修理件，现在我一个月也可以赚1 000多元。”月山村的机车修理工吴发，已经师从吴剑波一个多月，过去从没摸过鼠标键盘的他，为了开网店专门买来电脑，很快就掌握了上网经营的窍门，收入也随之翻番。举水乡照田村的吴星也辞去了在庆元县城的工作，回到家乡开始了网上创业，“现在我每月的收入是原来的好几倍，还认识了一批志同道合的朋友，我觉得网上创业很有前途”。

据了解，目前他们家乡已经有20多位青年农民开设了10多家网店。“我们打算组建一个庆元农村青年网络合作社，把村里的山货销往全国各地，带动村民增收。”吴剑波自豪地说。

资料来源 《农民网上创业成功案例》，载致富信息网/创业故事，http://www.3158.cn/news/20110109/16/90-1956129_1.shtml，2011-01-09。

从上面的小案例可以看出，创业并不是一件很难的事情。只要把握机会，坚定信念，勇于实践，就会取得创业的成功。

1. 成为企业家要培养的素质

在激烈的市场竞争中，企业的兴衰成败与企业家的素质有着极大的联系。从某种意义上来说，企业之间的竞争实质上也是企业家之间素质的竞争。

（1）企业家应当具备的心理素质

要想成为一个成功的企业家或者说成为一个优秀的企业家，你应该具备良好的心理素质。良好的心理素质主要包括：

①自知和自信。自知使人能准确了解自己的长处和短处，充分发挥自己的特长，自信则使人毫无畏惧地迎接任何困难和挑战。

②超人的胆识。经营一个小企业，风险的存在是必然的，因此，必须具有过人的胆略和不畏艰险的大无畏精神。

③坚强的意志。要创办一家小企业，你也应该具备坚定、顽强、执着和不屈不挠的精神，坚强的意志不仅能帮你渡过难关，也能感染和打动你的员工。

④学会“舍得”。有舍才有得，不要过于节俭而造成吝啬，过度的吝啬会造成客户的流失和员工的流失。

（2）企业家应当具备的知识结构

将要创办企业的你，应该学习并掌握以下知识：

①企业管理知识。要创办企业，就要学会怎么管理，否则，就是创办了企业也经营不了多长时间。

②经济学知识。应该事先学习一些经济学的知识，这对分析企业所处的行业的市场是很有用处的。

③心理学、社会学、行为科学知识。一个成功的企业家，必须要有强大的心理承受能力，学会社交礼仪和待人接物。

为了掌握一些必需的知识，你可以通过参加一些必要的创业培训课程，使自己对创业有一个整体的概念，同时对创业中可能遇到的问题能有一个理性的分析。在创业前要先做好市场调查，了解你这个创业项目的可行性和发展的潜力，不要盲目地创业。

要创业，必须具有创业的激情，有了激情才有动力，同时，要不断学习，善于从失败中吸取经验教训，不断提高经营管理水平。

2. 相信自己创业一定会成功

不要把创办企业想象得高不可攀，创业的真实故事就发生在我们的身边，别人行，你也一定行！不要以为自己身处农村，就没有能力去创办企业，这样的想法是自己看不起自己，是不相信自己的表现。不妨先给你一个小案例，农民创业不是开玩笑，只要你够坚定，只要你能为你的目标坚持不懈，只要你对这个市场有敏锐的触觉，只要你善于从别人身上学习经商之道，你也一定会创业成功！

❀ 小案例

200 元成就百万富翁

1980 年，农民赵先生从部队退伍后回到山东诸城老家，在机关单位工作，比较清闲。他想做一些生意，经过种种尝试，他发现了一个能赚钱的事业——种蘑菇。于是，他拿出 200 元的启动资金在一堆锯末和棉花壳里开办了一家食用菌厂。从选场地、租大棚、做培养基到种植、养护、出售等一切工序都由他一个人承担，他不知在种植大棚里度过了多少个不眠之夜。很快他就成为了食用菌的栽培能手，并成为中国食用菌协会会员。

1992 年，由于决策失误，他的菇业生意赔了本，觉得到了走投无路的境地。多年前，他面对过第一个妻子的亡故。这一次，和他结婚 5 年的第二个妻子又在他最艰难的时刻抛下一双儿女离他而去。赵先生看着两个未成年的孩子，已接近崩溃的边缘。赵先生决定留下儿子在家乡读书，带着 5 岁的小女儿登上了进京的列车。

1994 年，赵先生来北京的时候，手里拉着瘦小的年幼的女儿，口袋里只装着 100 块钱，那是他人生最低谷的时期。当时，一位朋友在通州租了几个大棚，但由于不懂技术种不出蘑菇，一年6万元的租金只能白白消耗。赵先生的到来无疑给朋友带来了一线生机。于是，赵先生又开始了自己的无本买卖。两个人一个出资金、出大棚，一个出技术种蘑菇，一年下来，4个大棚赚了4万多元。经过4年的努力，赵先生打下了事业的根基——占地近2 000平方米的京都菇业开发中心成立。赵先生认为农业种植更多的是靠经验，靠不断实践。

赵先生虽然成功了，但他身上还担负着民营企业家的责任，他开始关注失业人员并帮助他们。下岗职工租大棚后，从购料到销售均由京都菇业有限公司负责，并且免费给他们做技术培训。截至2002年4月，有上百户下岗职工靠租大棚赚得190万元的报酬。赵先生以成为上百户老百姓的打工仔而感到荣幸。他还鼓励技术好的人回家乡当老板。

从京都菇业的"租个大棚种蘑菇"到障日山庄投资开发的优惠鼓励政策，赵先生都是为了吸引农科单位、民营科技企业和城乡民营资本的共同参与。赵先生希望京都菇业成为失业人员和农民的灵芝，让他们带着技术去创造新事业，让他们和京都菇业一起走向富裕。

资料来源 《农民创业故事：200元成就百万富翁》，载中农网/财富故事，http：//www.ap88.com/info/detail.jsp？id=62693，2010-07-01。

从上面的小案例可以看出，农民创业，首先，要培养一项专长，在创业的初期，很多事情都必须要亲力亲为；其次，要懂得绝处逢生，不要让一次的失败打破你成为企业家的梦。

（1）你是否拥有一个创业的梦？如果你意识到自己有强烈的创业的梦想，那么你已经迈出创业的第一步。你需要坚持自己的理想，当然，也并不是说要盲目地坚持，但是也不要轻易放弃创业。

（2）创业的规则，你懂多少？俗话说"人生如戏"，其实创业也如"戏"，只不过此戏为"游戏"。打个比方吧，创业就像是玩"大富翁"游戏，你要赢，首先就要懂得游戏规则，游戏中每个道具有什么作用，什么时候运用最合适，就如你创业的时候，要选择哪个伙伴，要从事哪个行业，要怎样选址等。因此，要创业，首先你要懂创业的规则。

（3）"游戏攻略"，你知道多少？每个游戏都有攻略，创业也有。那么这些攻略，你了解多少？为了了解这些攻略，首先你要用知识武装自己；其次是从别人的身上吸收经验，良好的经验可以让你少走很多弯路。所谓的攻略，也就是走捷径的意思，当然，是在合法合理的情况下，并不是说要走邪门歪道。

（4）创业资金，你准备了多少？如果资金不足，你要如何贷款或者借款才能满足你创业的资金要求？你是否会运用你的小资金去生大资金，赚大钱？你要知道如何才能大量生产，产品并不仅仅只要求精，也要求量。

（5）你是否有捕捉市场的敏感力？市场就在你身边，你要用心去发现。一旦捕捉到市场机遇，决不放松，要果断行动。

（6）你的人际交往能力如何？就算你不是能言善辩的人，你也要能与别人无障碍地沟通。在某些情况下，你也需要当个领导者去影响别人的行为。或者现在的你，还不太懂人际交往，但是从此时开始，你就要慢慢培养自己的交往能力，打造一个良好的人际交往网络，这对于你以后的企业是有很大帮助的。

如果以上的条件你都拥有，那么恭喜你，你也可以成为企业家。只要你朝着这个目标，继续学习并与时俱进，你就会成为一个充满自信的成功的企业家。

第二章 眼观六路选项目

❀ 引例

选择合适的创业项目

桃源县陬市镇农民陈琼武，自主创业干出了大名堂。十几年来，他从养猪到办饲料加工企业、建立养殖合作社，规模越做越大。在他的带动下，桃源成为中南地区最大的商品蛋鸡养殖基地。他本着“企业领办、社员联动、大户参与”的原则，牵头创办了家禽养殖合作社，吸引上万户农民加入，为振兴农村经济，增加农民收入发挥了重要作用，该合作社已被授予“农业部农民专业合作组织示范项目单位”。

1988 年，毕业于武汉粮食学院饲料系的陈琼武，决定返乡办个养殖场，一心想干一番事业。然而，最初的创业，并没有因为满腔豪情而让事业一飞冲天。

由于缺乏经验、不善经营、管理无方，创业的第二年，位于木塘垸龙虎村的养殖场，已难以为继。1990 年秋天，一场猪瘟使养殖场的 200 多头猪全部死去，望着这些只差一个月便可出栏的大肥猪，陈琼武欲哭无泪。

他没有气馁，在亲朋好友的支持下，他在桃源县陬市镇创办起一个取名“三尖”的小型饲料厂。由于选择的是自己所学的专业，又在自己熟悉的领域创业，再加上建立了一整套的企业管理制度，三尖饲料厂短短几年就在湘西北占有了一席之地。

2000 年，三尖饲料厂引进了 3 000 只蛋鸡种鸡，建立起了桃源县第一个蛋鸡规模养殖基地。以“公司+农户”发展模式运作的“三尖农牧有限责任公司”同时挂牌成立，由公司向养殖农户提供种苗、饲料、技术服务，并负责产品回收，解除了农民养殖的后顾之忧。在“三尖”的带领下，桃源县的蛋鸡养殖产业开始呈几何级数增长，陈琼武的养殖王国也初具规模。

到 2008 年年底，三尖公司总资产已近 1 亿元，带动上万户农民致富，被评为全省农业产业化龙头企业。

陈琼武在回忆第二次创业时感叹道："创业的道路很多，但选择自己熟悉的领域，用自己所学的知识去创业，更容易获得成功。"

资料来源 《选择自己熟悉的领域，更容易获得成功》，载天搜创业网/创业文章，http：//www.58ts.cn/Article/Show.asp？ID=9314，2009-03-24。

阅读完引例，相信你会发现，选择一个好项目是创业成功的第一步。中国有句古话："男怕选错行，女怕嫁错郎"。这是一个永恒不变的道理。如何走好创业的第一步，对于那些没有创业经验的人来说，确实是一个关键的问题。选择一个好的创业项目就等于成功了一半，所以，创业者必须高度重视对创业项目的选择。

一、怎样分析创业环境

创业环境分析是发现创业机会的基础，是进行创业可行性分析的前提。不断变化的环境，能给各行各业带来机遇，也能给各行各业造成威胁。创业者必须清楚宏观的、地区的、行业的等各种环境因素及其发展趋势会对自己所选择的创业项目带来什么影响，是限制性的还是促进性的，只有这样，创业者才能抓住机遇，避免严重威胁，取得创业的成功。

1. 宏观环境分析

宏观环境是指总体的自然、经济、社会等条件，它对新创企业的影响是间接的，但其影响力是巨大的，因为这些因素是新创企业无法控制的。所以，创业者必须了解或熟悉相应的宏观环境因素，从中把握创业机遇。

（1）自然环境

自然环境主要包括地形地貌、土壤、水、气候、矿藏、能源等。创业者考察自然环境的目的是要分析周围的环境及资源是否适合创业项目的发展，能否提供创业项目所需的资源条件。农村的自然环境为发展种植业、养殖业、旅游观光业等提供了有利条件。近几年来，很多农村创业项目，如农业旅游和农家乐等都与农村环境条件有密切关系。

（2）政策环境

中央连续几年的1号文件都是有关三农问题的，近些年出台了一系列有关扶持农业发展、振兴农村经济、增加农民收入的"三农政策"。这些政策给农民带来了很多新的创业机遇。如国家颁布"农产品绿色通道"政策（运输农产品的车辆通过高速公路、桥梁等时免收过路费）后，农村出现了很多农产品运输企业。国家政策是任何一个企业都必须遵守的，当国家在一定范围内调整或改变某项政策时，所涉及的企业要相应地调整经营目标和策略，因此，政策分析是制定企业发展规划的基础。创业者应对各种政策的变化趋向做出合理的预期，要分析各种政策可能产生的后果，从而寻找创业机会。

❀ 小案例

农村创业致富的好项目——野生动物养殖

有关专家推荐，野生动物养殖是当前农村创业致富的好项目，因为在农村进行野生动物养殖具有以下四大优势：

1. 效益优势

主要体现在以下两个方面：

(1) 价格优势。养殖野生动物比非野生动物效益要高出一倍以上。例如一般山鸡的市场售价为人民币 20～30 元一斤，香港卖到港币 180 元一只；而家鸡的价格每斤才 10 元左右。

(2) 饲养成本优势。例如养野鸡、野猪、野兔，成本消耗极低。它们几乎什么都吃，所有的秸秆、野草都可以作为饲料。而且抗病能力强、成活率高。比养家禽家畜的成本要节省三分之一以上。

2. 市场前景好

野生动物是美味佳肴的代名词，例如山鸡，蛋白质含量高达 30% 以上，是家鸡的 2 倍，肉质细嫩鲜美，几千年前的周代人，就把山鸡作为送给加官晋爵者的贺礼。在清朝山鸡还被当做皇宫御膳，乾隆皇帝曾为此写下“名震塞北三千里，味压江南十二楼”的名句。随着物质生活条件的不断提高，普通消费者也会越来越多地消费山鸡。

据有关机构的市场调查，目前全国山鸡市场需求量达 5 000 万只，实际供应仅 800 万只；全国生猪销量达 6.8 亿头，其中野猪供应量仅占 50 万头；全国年需求孔雀 500 万只，实际供应量仅为 35 万只；年需求野兔 2 000 万只，但实际供应量仅为 200 万只，缺口都非常巨大。

3. 国家政策支持

国家 12 个部委曾联合发文，要求加大对特种动物养殖业的扶持力度，确保养殖者的积极性。文件中明确指出要特别重视发展特种动物养殖业和乡村旅游业；《野生动物保护法》已颁布 10 多年，国家严厉打击猎杀、贩卖野生动物的行为，但即使是在如此高压的政策下仍有许多人冒着风险继续从事偷猎、贩卖的非法活动。而野生动物的人工驯养繁殖，既可满足市场对野生动物的消费需求，又可使对野生动物种群的保护延续。客观上对自然环境中的野生动物资源起到了保护作用。

4. 致富快

野生动物养殖作为农村创业致富项目的最大优势是市场前景好和致富快。这是因为随着经济条件的不断改善，人们对食品质量、口味的要求不断提升，市场上野味供不应求。所以，野生动物产品在市场上基本没有什么竞争，所以是农村创业致富的好项目。

资料来源 《农村创业致富好项目，农民致富的好出路》，载连锁加盟/小本创业，http：//www. u88. cn/xiaobenchuangye/17026. htm，2011-07-08。

（3）经济环境

经济环境包括经济结构，经济发展阶段，经济周期，国民收入及其变化趋势，居民可支配收入水平、银行存贷款利率及市场发育程度，价格的升降等因素，其中居民可支配收入水平和银行存贷款利率是很重要的指标，可以用来考察分析潜在市场的大小和变化趋势。一个国家或地区的经济发展水平不同，其消费水平也不同，以消费品市场为例，经济发达的国家，消费者在重视产品基本功能的基础上，更强调产品的款式与特色；而经济欠发达的国家，消费者更侧重于产品的基本功能和实用性，价格竞争具有一定的优势。因此，农村创业者在选择创业项目时，要考虑所生产的产品是卖给城市居民还是卖给当地农村居民，两种消费市场具有不同的消费特点。

（4）社会环境

社会环境包括人口结构、生活方式、宗教信仰等人文因素。人是市场的主体，是企业经营活动的基础和最终对象，人口的变化意味着市场规模的变化、市场结构的变化。如年龄结构不同，对商品和服务也会产生不同的需要，形成各具特色的市场。我国开始进入老龄化社会，即老年人所占比例越来越大，这就形成了一个很大的“老年人市场”，为此，很多农村出现了“敬老院”、“老年人服务公司”、“便民小药店”等新创企业，生意越做越大。

（5）科技环境

科技环境包括社会科技发展水平、科技新成果、国家科技体制、国家科技政策和科技立法，它们直接影响着创业活动以及新创企业的生产经营。我国各县、乡（镇）、村已建立了较完备的农业技术推广体系，可以通过这些机构的工作人员了解农业新科技成果或参加有关培训等掌握一些新技术，从而可找到一些新的创业项目。如“北方冬季大棚蔬菜种植技术”、“畜禽粪尿无害化处理生态养殖技术”、“沼气化成套应用技术”、“室内蘑菇种植技术”等，已给农民带来了很多创业机会。

（6）法律环境

法律是市场经济条件下规范企业经营行为的准则，国家的法律法规，特别是关系到经济活动的立法，不仅规范企业的行为，而且会使消费需求的数量和结构发生变化，能鼓励或限制某些产品的生产和消费。所以，新创企业要了解所从事行业的有关法规，如食品加工企业要遵守国家食品质量安全法、食品卫生许可条例等。有一些项目对环境影响很大，如布料印染业、造纸业等，一定要符合国家有关环境保护的法律法规。在企业用工方面，要符合劳动保护法、最低工资保护条例等。

2. 行业环境分析

行业环境分析主要是对新创企业所处行业和相关产业及其竞争环境进行的分析评估。

（1）行业竞争要素分析

著名管理学家迈克尔·波特提出了行业竞争五要素模型，即行业内竞争者、替代品生产者、购买者、供应者和潜在进入者构成了行业环境五要素（如图2—1所示）。

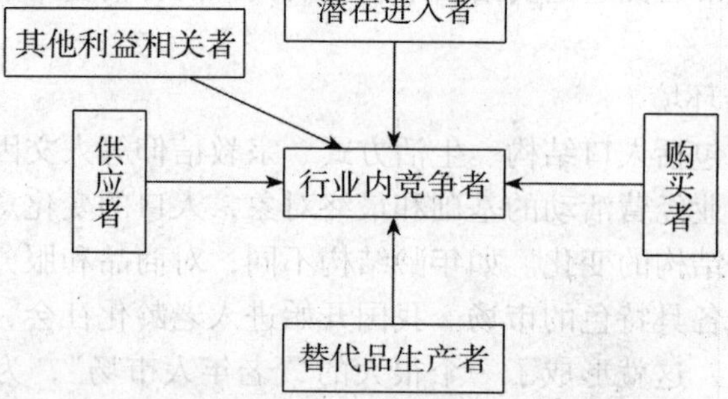

图2—1　波特竞争模型

①来自行业内竞争者的竞争压力

你所选定的创业项目，首先要碰到行业内竞争者。行业内竞争的手法多种多样，在有些行业中，竞争的核心是价格；而在另一些行业中，竞争的核心或是产品（服务）的特色，或是新产品革新，或是质量和耐用度，或是保修与售后服务，或是品牌形象。竞争可能是友好的，也可能是你死我活的。一般而言，行业中的竞争者都善于给自己的产品增加新的特色以提高对客户的吸引力，同时毫不松懈地挖掘其他竞争者的市场弱点。减少行业内竞争压力的最好办法就是走差异化经营之路，即在产品价格、质量、性能特色、客户服务、保修、广告、分销网络等方面做出一些调整，使其与竞争对手存在差异，从而避免激烈的竞争。例如，在一个旅游景点已有了农家饭店，你如果也要办一个饭店的话势必会带来竞争，那么，你可以办一个农家土特产店，专门销售特色食品，可吃还可以让游客带回家去。

②来自替代品生产者的竞争压力

某个行业的生产厂商常常会因为另外一个行业的生产厂商能够生产更好的替代品而面临竞争，如猪肉生产商会受到禽肉、牛肉、鱼肉生产商的竞争。来自替代品生产者的竞争压力的强度取决于三个方面：

A. 是否可以获得价格上有吸引力的替代品？容易获得并且价格上有吸引力的替代品往往会产生竞争压力。如果鸡肉的价格比猪肉的价格要低很多，那么生猪生产企业就会遭遇降价的竞争压力。

B. 在质量、性能和其他一些重要属性方面的满意度如何？替代品的易获得性不可避免地刺激客户去比较彼此的质量、性能和价格，这种压力迫使行业中的生产者加强攻势，努力说服购买者相信他们的产品有着很好的品质和性能。比如，现在农贸市场或超市上出现了“无公害猪肉”、“有机猪肉”、“野生猪肉”等，其价格比普通猪肉贵很多，最贵的要高出4倍多。在北京一些超市，最贵的鲜猪肉每公斤可卖到160元以上，分割的里脊肉甚至每公斤达到180元！

C. 购买者转向替代品的难度和成本。最常见的转换成本有：可能的额外价格、可能的设备成本、测试替代品质量和可靠性的时间和成本、断绝原有供应关系建立新供应关系的成本、转换所获得技术帮助的成本、员工培训成本等。如果转换成本很高，那么替代品的生产者就必须提供某种重要的成本或性能利益，来诱惑原来行业的客户脱离老关系。比如，现在很多商店（包括一些饭店）推出会员制，用会员卡消费可以享受打折的优惠，这就是通过提高购买者的转移成本从而留住顾客的营销方式。

因此，一般说来，替代品的价格越低，替代品的质量和性能越高，购买者的转换成本越低，替代品所带来的竞争压力就越大。如果我国的养鸡业、水产业产品等猪肉替代品较大幅度地降价，势必会使一部分消费者减少猪肉消费，从而也会降低猪肉价格。

③来自购买者的竞争压力

如果购买者能够在价格、质量、服务或其他的销售条款上拥有一定的谈判优势，那么购买者就会成为一种强大的竞争力量。

一般来说，大批量采购使购买者拥有相当的优势，从而可以获得价格折让和其他一些有利的条款。零售商常常在产品采购时占有谈判优势，因为生产制造商需要扩大零售覆盖面和争取有利的货架空间。由于零售商可能储存一个或几个品牌的产品，但从来就不会储存市场上所有可以买到的品牌，所以，厂商为了争取那些颇受大众青睐的或大批量采购的零售商而展开让利销售，这样，就会给零售商创造明显的谈判优势。一般农村小企业所生产的农产品不经过超市，而是通过农贸市场的小贩，就是为了使产品卖一个更好的价钱。

④来自供应商的竞争压力

供应商是一种弱势竞争力量还是一种强势竞争力量取决于其所在行业的市场条件和所提供产品的重要性。一旦供应商提供的是一种标准产品，可以通过开放市场由大量具有巨大生产能力的供应商提供，那么与供应商相关的竞争压力就会很小，可以很容易地从一系列有一定生产能力的供应商那里获得所需的一切供应，甚至可能从几家供应商那里分批购买以推动订单竞争。在这种情况下，只有当供应出现紧缺而购买者又急于保证供应时，供应商才会拥有某种市场权力。如果有很好的替代品，而购买者的供应转换既无难度，代价又不高，那么供应商的谈判地位就会处于劣势。所以，作为供应商的农产品生产企业，要想提高产品价格，只有走特色化经营之路。

如果供应商所提供的产品占其下游行业产品成本的很大比例，从而对该行业的产品生产过程起着至关重要的作用，或对该行业产品的质量有着明显的影响，那么供应商就会拥有很大的市场权力。当少数几家供应商控制供货产品从而拥有定价优势时尤其如此。同样，当购买者转向替代品的难度越大或者成本越高，供应商的谈判优势就越明显。一旦供应商拥有足够的谈判权，在定价、所供应产品的质量和性能或者交货的可靠度上有很大的优势时，这些供应商就会成为一种强大的竞争力量。农民成立合作社或专业协会，就可以提高与大型农产品加工企业的谈判优势，从而可获得较高的利益。

⑤来自潜在进入者的竞争压力

一个市场的新进入者往往会带来新的生产能力和资源，希望在市场上占有一席之地。对于特定的市场来说，新进入者所面临的竞争威胁来自进入市场的壁垒和现有厂商对其做出的反应。一旦新进入者很难打开这个市场或市场的经济因素使得潜在进入者处于劣势，进入市场的壁垒就产生了。例如，由于乳品加工的检验要求标准提高，一般农村创业者很难进入这个领域，只能选择创办奶牛养殖企业。

❋ **小案例**

在农村做小本生意的几个好点子

如何做小本生意？很多人一提到小本生意就想到摆地摊，其实小本生意的创业机会有很多，关键是要善于发现经商的机会，而这个机会又不需要耗费很多的钱。这里给大家介绍几个用特别的点子来做小本生意的实例：

1. 别人卖果他卖箱

每年夏天，水果大量上市，水果无论滞销畅销总离不开存放水果的箱子。广西壮族自治区合浦县星岛湖乡一位果农发现了这个商机，将自己的龙眼园转包出去，做起水果包装箱的生意。每年夏天荔枝、龙眼外销时，他把自制的或贩来的成批的水果包装箱卖给附近果农，有的外地果农还专程上门预订，他因此大赚了一把。

2. 帮人打农药

眼下农村从事第三产业和外出务工的劳力很多，但他们又割舍不下家里的田地，于是花钱请人耕种、管理、治虫的越来越多。某县一位下岗职工，看准这一商机，专门购买了几台机动喷雾器，另外又聘请3名懂治虫技术的劳力，每年在农作物病虫发生期为种田大户和劳力外出户治虫打药，每亩收费5~8元，一年下来收入也很可观。

3. 果树授粉，服务上门

前几年，农村许多地方都栽银杏，但银杏不授粉是很难结果的。江苏省响水县黄圩镇小圩村农民王志涛利用从报刊上学到的银杏授粉技术，每年春季上门为农民搞银杏授粉，还兼搞野杏绿枝嫁接。经他嫁接、授粉的银杏，杏苗成活率高，银杏坐果多，因此老王每年都有一笔不小的银杏技术服务费收入。

4. 傍晚卖豆腐

人人都知道，反季节菜的效益比常规菜要高，原因是巧妙地打了时间差。某村一位姓陈的豆腐加工户也在“时间差”上动了脑筋。由于当地搞豆腐加工的人家比较多，有时一担豆腐要卖上一整天，所以不少人只好少做，尤其是暑天，豆腐易变质，更不敢多做。老陈看准多数人家晚上缺豆腐上桌的情况，下午加工，傍晚让老伴、儿子分头销售，这样老陈家每天不但没有少做豆腐，反而增加了销售量，收入自然就上去了。

5. 碗盘换酒瓶

正常商店卖碗盘是一手交钱一手交货，乡下人家里不缺时或农忙期间一般不会去买。有位姓吴的青年人却另辟蹊径，他每年在啤酒的销售旺季，用三轮车拖着碗盘跑乡串村叫卖，并用碗盘换啤酒瓶及废旧物品。他还让一些村民先用碗盘，以后再给自己啤酒瓶。一般情况下，一个碗盘换几个甚至十来个啤酒瓶，盈利可达原来的数倍。

资料来源 《农村做小本生意有什么好点子?》，载青年创业网/创业/农村创业项目，http：//www. qncye. com/2010/0308/48536. html，2010-03-08。

（2）行业生命周期分析

行业是由产品和市场组成的。而任何产品都要经历一个从投入、成长到成熟和衰退的生命周期，这样，由产品及市场组成的行业也就有一个生命周期。事实上，要确定一个行业当前在生命周期中所处的位置并非易事。一般可以考察以下几个方面：市场规模（销售额或销售量）在过去的增长情况，从而判断行业是处于快速增长、平衡状态还是衰退状态；在近期可能开发什么新产品或市场，这些新产品或市场的开发是否将引起更快的市场增长和吸引新进入者，还是导致中等的市场增长，并不引起行业的变化，还是只稍微延迟市场的衰退，减少退出该行业的企业的数量。在我国，大宗初级农产品的供应已基本接近饱和，而农产品深加工、特色农产品生产正处于快速增长阶段，这里有很多创业机会。

创业者在选择进入一个行业时，除了要考察行业的市场规模及变化趋势外，还需考虑该行业的稳定性。一个国家周期性的经济波动对不同行业的影响是不同的。在经济下滑时，有的行业可能所受影响不大，行业内企业安然无恙，而有的行业可能会遭受巨大打击，行业内的企业都受到重挫。当然，同一行业内各企业由于实施的战略不同，竞争能力和资源实力也存在很大的差异，抗冲击力也大不相同。总之，创业者在选择行业时，不仅要考虑整个行业的抗冲击力和稳定性，还要构筑自己的实力，使自己的企业比行业内的其他企业更有竞争力。

3. 需求变化趋势分析

表2—1是日本研究机构对21世纪世界消费市场变化趋势所作的预

测，从每一种趋势中可以引出许多生产新商品、投资新事业的机会。例如，在食品市场中所谓“方便性”食品有很大的需求，在环保市场中废弃物处理的需求会快速增长。如果创业者能准确把握某一需求大趋势，并从中选择创业项目，就比较容易取得创业成功。在我国，表2—1所列出的变化趋势很多已开始显露出来，有些已成为消费者的现实需求。

表2—1　**21世纪世界消费市场的变化趋势与商机**

趋势	对应需求
1. 信息化社会	信息处理机器、软件、通信网络工作、电子商务等
2. 国际化社会	国际贸易（商品输出与输入）、海外投资、海外旅游、国际文化交流等
3. 环境保护	可再生商品、绿色食品和有机食品（无农药、无污染）、节能商品等
4. 高龄化社会	终身教育，老人住宅，护理、保姆工作，紧急救援，养老保险基金等
5. 女性化社会	家政服务、加工食品、高级时装、高级化妆品、饭店、休闲等
6. 人才流动化	人才派遣、就职信息服务、专业培训、职业教育等
7. 家庭小型化	小型家具、小型家电商品、便利店、方便食品、家政服务等
8. 物品过剩化	旅游、体育运动、租赁服务、特色商品、文化商品等
9. 健康志向	保健品、家庭用诊断器、中药、温泉服务、户外运动、健康器材等
10. 自我实现	音乐、时装、体育运动、兴趣俱乐部等

资料来源　张光辉、戴育滨、张日新：《创业管理概论》，74页，大连，东北财经大学出版社，2006。

农村创业者也可以从这些变化趋势中找到很多的创业机会。如进入信息化社会，农产品电子商务已开始出现，一些农场（或专业户）将自己的农产品放到因特网上销售，节省了四处奔波找销路的推销费用；国际化带来了旅游业的发展，一些很有中国特色的民俗村落、历史古迹等成为外国人喜爱的旅游景点；环境保护使绿色、有机食品生产成为备受社会欢迎的生产方式；高龄化社会带来了容量巨大的银发产业（为老年人生产其所需的商品和为老年人提供各种服务），我国城市老年人和农村老年人服务市场都很大；女性走向社会、双职工家庭为家政服务等提供了广阔的市场；对健康、对文化娱乐的需求带来了对保健产品、体育运动、文化商品消费的大市场等等。这些都给农村创业者带来了无限商机。

二、如何寻找创业机会

有很多方法可以帮助你去分析和发现创业机会、寻找合适的创业项目。下面列出了一些常用的方法，你可以从中得到启发并运用在自己的行动之中。

1. 市场细分法

这是一种非常实用的方法，它是按照一定因素（或标准）将某一个整体市场划分为若干个细小市场，从中选择一个值得开发的市场。市场细分实际上是细分消费者的需求。例如，鞋类市场根据消费者的性别可分为男鞋市场、女鞋市场，而由于有需求不同和爱好不同的消费者，男鞋市场或女鞋市场又可分为皮鞋市场、胶鞋市场、布鞋市场和塑料鞋市场等。创业者通过不断研究细分市场的情况，就可以及时发现和掌握消费者需求的变化状况，从中寻求创业机会。例如，按照收入水平可以将消费群体划分为高收入阶层、中等收入阶层和低收入阶层。高收入阶层有购买较高价格的食品的能力，如果市场能提供让他们感到质量有保证的有机食品，他们是会愿意出高价购买的。

市场细分主要是通过地理环境、人口特征、消费者的心理状态等标准，将庞大的市场进行分类。在分析和选择细分市场时运用每一种标准不仅要力求恰当，而且往往需要将几种标准进行综合分析。例如，购买高价有机食品的消费者是城市家庭（按地区细分）、高收入家庭（按收入细分）、年龄为中年人（按年龄细分）、注意名誉地位（按心理需求细分）、多为妇女（按性别细分）。

许多商机就是通过市场细分法发现的。例如，广州牙膏厂的经营者利用牙膏的功能细分法，开发出了“具有国际香型，内含口洁素”的新型产品——黑妹牙膏。宝洁公司利用洗发水的功能细分法，开发出了“海飞丝”——去头屑功能很强的洗发水，“飘柔”——能使头发保持显著的柔软性的洗发水，“潘婷”——滋润头发和保养头发的洗发水。

❊ 小案例

针对农村需求的创业项目

在（浙江）富阳，一群大学生“村官”的创业实践让人耳目一新。

记者日前从富阳市委组织部获悉，该市大学生“村官”实施的17个创业项目，多数是面向农村、农民服务的项目。

翻开介绍材料，记者大开眼界。其中，既有富阳第一家科技咨询公司，也有在网上叫卖土特产的营销项目，还有为特色景点开发旅游产品的创意项目，大多是针对农村需求的创业项目。

“开始也没想到，农村还可以做咨询公司。”章玮涛是常绿镇长春村的大学生“村官”，他告诉记者，当“村官”没几个月，他发现，村里许多项目都要向上级部门申报立项，获得批准后才能获得项目补助，进行工程建设。但受专业知识水平限制，多数村干部在申报项目的过程中经常会遇到种种困难，而富阳既没有相应的咨询机构，也没有专门为他们服务的“跑腿公司”，因此存在办事难的状况。

农村需求就是创业方向。2008年9月，章玮涛申请到富阳市大学生创业基金，成立雷讯科技咨询有限公司，其主要业务就是帮村里申报各种农业项目，同时为农民提供科技、政策、法律等咨询服务。截至2009年年底，公司共帮助全市农村申报80多个项目，成功率达到90%以上，实现营业额20多万元，上缴税收5万多元。

“农村创业不一定非要养猪养鸭、种树种花！”思路一打开，富阳大学生“村官”们顿时找到了创业的空间和路径。同样是卖农产品，在高桥镇，7位大学生“村官”的卖法让村民大开眼界。2009年7月，他们在淘宝网开设网络营销平台，把富阳豆浆、湖笔、纸伞、油面筋、馒头干、豆腐皮等土特产都搬到网上来卖。半年多下来，做成了181笔生意，产品销往广东、福建、陕西、江苏、湖北等地。

“这些大学生的想法就是不一样。”拥有现代服务业理念的大学生“村官”，即便是做传统农业，也让熟谙稼穑的农户们感到新鲜。2009年6月，东洲街道14名大学生“村官”和7位农户共同开发了“城市绿心四季果园基地”，从一开始，大学生“村官”们就舍弃传统的种植思路，把基地定位为以服务见长的“自主采摘，体验农事，观光旅游”的现代农庄模式。

农村服务业大有可为，富阳政府大力推进。记者了解到，在富阳市出台的扶持大学生“村官”创业实施意见中，大学生“村官”创办现代服务业、文化创意产业项目的，将与从事养殖业、种植业等传统农业项目一样，享受到每年不少于100万元的专项扶持资金和1 500万元的贷款授信额度。

资料来源 《针对农村需求创业 浙江富阳大学生开咨询公司》，载网易/新闻中心，http：//news. 163. com/10/0401/11/636B4PQ8000146BD. html，2010-04-01。

2. 商品属性分析法

其主要做法是：把一种现行商品的主要属性列成一览表，然后对每一属性进行处理，以找到一个改进后的商品构思或创意。该类方法又有以下几种常用的具体方法：

(1) 多方面分析法

它主要是罗列出某种商品的所有物理属性。以一辆自行车为例，按照多方面分析法将它的所有部分先罗列出来。

自行车由下列部分构成：车把，车座，车轮，车的链条，链条盒，车的刹车系统，车铃，车的支架，车的框架，车的后座架等等。

然后再罗列每一部分的属性，以车把为例：车把的造型，耐用程度，重量，材料，硬度，宽度，颜色等等。

通过以上罗列，可以使人们产生新的创业构思，如小型可携带的自行车、专运桶装水的自行车、游玩场所出现的三轮自行车等。

(2) 效用分析法

商品的效用是指商品能提供给消费者的利益，即商品能满足消费者的哪些需要。例如，轿车对不同的消费者来说，可能是用于日常交通、可能用于旅游，也可能用于显示自己的地位等。自行车的效用，主要包括用于交通、运输、娱乐、锻炼、接送、节省开支、观赏景色，具有便捷、刺激性、独立性或个性、可以激发活力、可以保护环境等。

不同的消费者由于生活环境等方面的原因，同一商品提供给他们的效用是有一定差异的。在我国，自行车是居民的一种主要交通工具，而在“车辆文化”发达的美国，它还提供给人们很多作为交通工具之外的效用，如锻炼、刺激、环境保护、个性等。这就要求创业者根据目标市场的特点，通过调查研究来把握某一商品所能提供给消费者的主要效用。通过增加或减少效用来开发新商品。

(3) 检查表法

检查表法即通过问题表格的形式来检查已有商品，以便提出新的构思。使用最广泛的检查表是由著名管理专家奥斯本（Alex F. Osborn）设计的，具体内容见表2—2。在此表中，如果答案是肯定的，则表明现有商品可以按此思路进行改进，在改进时要考虑目标市场上消费者的需求特征，不能闭门造车。

奥斯本法又叫特性延伸法，是指确定一个特定产品或服务的基本特性，然后去考察如果它们以某种方式发生变化，将会发生什么事情。应用特性延伸法的技巧是，以一系列适当的形容来试验每个特性，如"更大"、"更强"、"更快"、"更经常"、"更多乐趣"、"更方便"等。例如，"方便面"的开发就是为了满足消费者"节省时间、使用方便"的需要，低度白酒受欢迎是沿着"度数更低"特性展开的。当然，特性延伸也可采取更加复杂的、混合的方式，将来自不同的产品的特性混合在一起来创造新产品。实践证明，在产品的特性延伸上，蕴藏着巨大的潜在商机。

表 2—2 **奥斯本的检查表**

问题项目	是	否
◇ 是否能改变它？		
如功能、形状、颜色、气味、速度、成本		
◇ 是否能替代它？		
如采用其他材料、零部件、能源、色彩		
◇ 是否能改进它？		
如更方便、更正确、更完美、更便宜		
◇ 是否能放大它？		
如增加、加重、加厚、加长、加大		
◇ 是否能缩小它？		
如省去、减轻、减薄、减短、缩小		
◇ 是否能颠倒它？		
如上下、左右、正反、里外、前后颠倒		
◇ 是否能以某种方式重组它？		
如叠加、复合、化合、混合、综合		

（4）缺点罗列法

创业者可以将现有商品或商品线的所有缺点进行罗列，弥补这些缺点或不足的途径就是创业构思的来源，也是新创企业的竞争机会。罗列缺点是一种原始的方法，它可以促使新创企业扩展商品线，派生出新的商品来。例如，同样是饭店，如果你的饭店除了能吃，还能看电视，那么你的饭店就比不能提供看电视的饭店更能吸引顾客。

3. 关联分析法

事物之间可能存在某种联系，通过分析、比较这种联系，有可能发现一些新的东西，这对于我们开发新商品是大有好处的。关联分析正是通过考察事物之间的关系，来启发思维、创造新商品的。这些关系有些是直接的，有些是间接的，有些是容易被发现的，而有些则是不容易被发现的，需要我们认真分析和研究。该类方法又有以下几种常用的具体方法：

（1）强制关联法

所谓强制关联就是使表面上看起来毫无关系的事物之间发生联系和结合，或者说把通常没有关系的事物强制地联系在一起。通过这样的强制联系，可以获得许多新颖、奇特的构思。

强制关联法的具体做法是：首先，选择要解决的问题，即创业项目（或拟开发的新商品对象），一般来讲强制关联法所选择的创造对象是小型的或结构不复杂的；其次，列举与创造对象无关的事物，一般可以从多角度、多方位列举，尽量不要列举与创造对象关系密切的事物，列举的事物与创造对象越无关，就越容易打开思路，得到崭新的构思；再次，强制将创造对象与列举的事物结合，由此，可产生许多方案，这些方案有些看起来是荒唐的，有些可能是极有价值的启发性方案；最后，评价筛选方案，去掉荒唐的，保留新颖的、奇特的，以适当的方式加以完善，使之变为可行的实用方案。

例如，选择手表作为创造的对象，再列举一些与手表无关的事物，如话筒、计算机、动物、鲜花等等，现在把它们强制结合起来：

手表与话筒结合：报时的手表，会听话的手表，会说话的手表，可以打电话的手表。

手表与计算机结合：带有计算器的手表，智能手表。

手表与动物结合：不同动物形状的手表，十二生肖礼品手表，带有热爱动物提示和标志的手表。

手表与鲜花结合：色彩鲜艳的手表，花型手表，可变色的手表。

……

可见，强制关联法打破了传统思维的束缚，跳出了原有的专业知识和经验的框框，把看似无关的东西，强制联系起来，启发了创造性思维，促使形成大量的新商品概念。

（2）类推法

一种关联不一定是直接的或强制的，它可能是部分的。人们可能经常对比不同的事物或活动，从而得到某种启发，原因是它们之间至少存在部分关联。类推法就是通过比较而产生构思的一种创新方法。类推在激发创造力的思维中，通常能起到三种作用，即启发、模仿和解释。因为在对不同的事物进行比较时，会发现它们之间存在相似点、差异点和中性点。当由少数相似点促使发现其他相似点时，就是启发作用；当排除差异点，将中性点转化为相似点时，就是模仿；当通过区别相似点和差异点来探讨所比较事物的异同时，就是解释作用。通过类推进行创新，可能产生大量的方案。

在选择类推法进行创业构思时应遵循以下准则：①类推应是鲜明的，具有生命力的；②类推应针对具体的形象；③类推应是动态的和活跃的；④类推应是公开的，便于观察和描述的。

如骑自行车可以与开汽车类比：掌握方向、运行、减速、转弯等，但汽车载人多，有四个轮子，稳定性好，功率强且可变，内装通讯设备等。由相似或者差异，会使人联想到各种“新型”的自行车，而有些已成为现实——电瓶自行车、带发动机的助力自行车等。

（3）自由联想法

联想是一种普遍使用的创造性思维形式，自由联想就是让思想插上翅膀，自由驰骋，以获得新商品的构思。自由联想有以下三种主要方式：

①事先写下要开发新商品的某一方面的情况，如一项属性、一项用途或一个用户，然后对其思考，随手记下由此而来的任何想法，对需要研究的其他方面也都重复这一过程。如果创造力得到刺激，开始的联想一般都与问题直接相关，新见解可能不会很多，随后相关度逐渐减弱，有价值的新见解也渐渐增多。然后再对其进行分析，看其能否产生新的构思。

②强烈关注。即把需要改进或更新的商品放在用强光照射的、能强烈引人注目的地方，然后凝视商品，直至获得“一种从未感受过的心理感觉，某些熟悉的事物（被注视的物体）突然显现出新的和不熟悉的现象”。

③创业者全神贯注地注视与研究对象相近的另一物体，由此产生联想。

4. 群体创造力法

所谓群体创造力法就是多个人在一起讨论解决问题的办法。人类在很早以前就认识了群体创造力的重要性。群体创造力之所以重要，就在于集体的智慧大于个人的智慧。随着科学技术的进步和生产力的发展，人们面临的问题越来越复杂，充分发挥集体的力量，日益显得重要。时至今日，没有人会怀疑合作创新的价值了。

（1）头脑风暴法

头脑风暴法的基本内容为：针对要解决的问题，召集6～12个人召开小型会议，与会者按一定的步骤和要求，在轻松融洽的气氛中敞开思想，各抒己见，自由联想，互相激励和启发，使创造性的思想火花产生共鸣和撞击，引起连锁反应，从而导致大量新设想产生。

为达到以上目标，头脑风暴法制定了两条基本原则：

①延迟判断。要求与会者自由地表达任何可能想到的想法，不怕标新立异，不用担心会遭到任何的批评，在会上对意见不做结论，不进行评判。评判虽可完善想法，但不利于自由地发表意见。

②数量孕育着质量。奥斯本认为，为了获得有价值的新设想，只有收集到大量的设想才可能做到，因此设想的数量越多越好。

为了使头脑风暴法取得更好的效果，还要遵循以下六条会议规则，通常要在开会时宣布：

①排除一切批评，不允许在会议上批评他人，即使有人提出了幼稚的想法；

②鼓励随心所欲，提倡任意思考，畅所欲言；

③追求设想的数量，以会议主题为中心，提出的设想、主意越多越好，会议的成效按会议提出设想的多寡来判断；

④鼓励利用并改善他人的设想，即每个与会者都要认真倾听他人的意见，并在此基础上进行自由联想，使设想不断接近并达到可以开发或应用的程度；

⑤与会人员不分长幼、不分上级下级，一视同仁；

⑥会议上不允许私下交谈和代人发言。

（2）集思广益法

集思广益法是群体构思方法中得到广泛描述和应用的方法。就其形式而论，集思广益法与头脑风暴法没有多大的区别，基本差异在于用以指导会谈的方法不同。头脑风暴法依赖于领导者的鼓励和一般性指导，依赖于参与者的天赋和从数量中求质量。而集思广益法则是让参与者按一定的运行机制（一般是类推和比喻）进行思考，并提供具体的结构和方向。

类推和比喻是集思广益法的精髓。主要采用四种方式：

①拟人类推或比喻。它是把所研究的问题类推或比喻为人和自己，以摆脱人从外部分析问题的局限性。如研究保鲜包装的人员，可以把自己想

象成装在保鲜袋里的一粒蚕豆或玉米，或者把自己想象成保鲜袋，或者是试图钻进保鲜袋的细菌。

②拟物类推或比喻。它是在自然物或人造物中寻找与研究对象相类似的东西，然后进行模仿，创造新的事物。例如，飞机模仿鸟类、潜艇模仿鱼类、导弹模仿响尾蛇的“热眼”而自动跟踪等等。

③象征类推或比喻。它是将所研究的问题、事物、概念等用某种象征来模仿，然后形成新的概念。

④幻想类推或比喻。它是借助幻想来隐喻研究的问题，以寻求解决问题的新设想。

（3）德尔菲法

该方法是美国兰德公司于20世纪40年代末提出来的，我国也将此法意译为“专家意见法”，即由企业以外的见识广博、学有专长的专家作预测。德尔菲法多用于预测重大技术突破点，或制订特别复杂的方案，也常用于企业新商品开发中。

①应用德尔菲法构思开发新商品的一般步骤如下：

A. 确定要开发的新商品。

B. 选择专家。按照问题涉及的专业范围，选择有关的科研、设计、生产、情报部门以及大专院校的技术专家、经济学家和社会学家。

C. 设计咨询表。围绕课题，从不同侧面以表格形式提出若干个有针对性的问题，向专家咨询。

D. 逐轮咨询和信息反馈。这是德尔菲法的关键环节。咨询和信息反馈一般要进行三至四轮。每次函询调查后，将专家的意见综合整理、归纳、匿名反馈给各个专家，再次征求意见，然后再加以综合整理、归纳、匿名反馈，反复循环，使得每个小组成员都能反复考虑其他人的意见和群体意见，最后得出比较集中和一致的意见。

E. 采用统计分析方法对咨询结果进行定量评价和表述。数据处理的目的在于找出解决问题的方法和思路。

②德尔菲法的特点。

A. 匿名。在进行邮寄调查中，专家彼此互不相知，不受领导、权威的约束，不受能言善辩者所左右，可以充分发表各种不同的意见。

B. 反馈。参加德尔菲法的专家从反馈的邮寄咨询表中，可以得到集体的意见和资讯情况，便于作出新的判断。

C. 收敛。通过数轮咨询后，专家的意见相对集中，为决策提供依据。

德尔菲法借助于互联网，可以大大提高效率。

5. 寻找创业机会的其他实用方法

（1）从顾客的抱怨或建议中寻找创业机会

一个很好的创业机会也许就隐藏在顾客的抱怨或建议中。如果顾客认为其需求没有得到满足或没有很好地得到满足，就往往会基于对自己需求的认识，提出各种各样的抱怨甚至可以采取的建议。有些抱怨、建议可能是很简单的、非正式的，有些抱怨、建议可能是十分正式且具体的，并有十分详尽的资料和说明来为其抱怨、建议提供支持。现实生活中，某些组织会积极主动地向供应商“逆向营销”他们的需求，向供应商提出需求并要求得到满足。双门冰箱的开发设计就是得益于顾客的抱怨。一位日本工程师听到一位主妇抱怨说在她取食物时单门冰箱大量的冷气直往外冒，实在是可惜。在此抱怨的启发下，他发明了双门冰箱。发展到今天，冰箱不但是双门的，还被设计成了抽屉式，冷气往外冒得更少了，还防止了所储存食物之间的相互串味。总之，只要有顾客提出抱怨或建议，无论采取什么方式，一个有效的创业者都应当热情地听取并做出相应的反应，因为这也许是一个非常好的创业机会。

（2）从偶然灵感和联想中寻找创业机会

索尼公司董事长盛田昭夫喜欢一边打网球，一边听音乐。因此，他必须在球场上装麦克风、扬声器及唱盘，他想总该有较好的方法来解决这个麻烦。随身听（Walkman）就在这种需求下产生了，这是索尼公司有史以来最具革命性与盈利性的产品。

著名发明家艾尔文·兰德跟女儿在新墨西哥州的山达费城闲逛时，女儿问她：“为什么我不能马上看到你刚刚为我拍摄的照片？”他灵光一闪，一小时后，立拍得相机和软片的创意与构想便浮现在他的脑海中。他迫不及待地前往在山达费城的宝丽来公司的专利律师处，描述他的新产品。五年后，宝丽来公司推出立拍得照相机。

（3）从意外发现中寻找创业机会

强生制药公司在进行降低高血压固态晶片的反应测试时，意外地发现这些药不仅可以控制高血压，还有促进生发的效果，因此他们积极改良开发生发剂产品。

（4）从有害的突发事件中寻找创业机会

汤姆·休士顿是一位出色的水管装配工。1979 年，他不幸从鹰架上摔落，腰部以下半身瘫痪。在友人雷·莫兹格的协助下，休士顿利用他的技术知识，发明出一种能让他站起来的轮椅。利用这个轮椅，他甚至能够与他的孙子打排球。今天，他的公司推出了以 HiRier 命名的“步行轮椅”，售价高达1.15 万美元。

(5) 利用市场坐标图法寻找创业机会

市场坐标图法的具体做法是：将产品的价格、质量和功能等参数作为坐标图中的纵轴或横轴，而将顾客的特性（如收入、职业、性格等）作为坐标图中的横轴或纵轴，从而构成一种市场坐标图，产品基于在坐标图中的位置被定位于不同的组，即坐标图中不同的象限。制作这种图，需要有效地确定产品和顾客的维度，以及充分的市场信息和有关的统计技术。这种二维的市场坐标图不仅可以分析目前的产品在市场坐标图中所处的位置，而且可以表明产品之间的相互关系及留下的市场空缺。

(6) 从与人交往中寻找创业机会

如与潜在的顾客和供应商、教授、专利代理人、以前的或现在的员工或同事、风险投资者以及商会等之间接触，在参观商业展会、图书馆、生产设施、大学以及研究机构过程中产生联想，从阅读行业出版物、破产通告、商业部门出版物以及商业文件中受到启发等等。

(7) 从因特网中寻找创业机会

在计算机和因特网普及的今天，充分利用网络资源去发现创业机会，已成为越来越普遍的方法，像淘宝网已帮助成千上万的创业者走上了成功创业之路。

❈ **小案例**

农村养殖业持续看好

据有关专家分析，我国传统的猪、牛、驴、羊等几种畜禽的养殖将继续看好。

1. 猪的养殖

猪肉是我国居民的主要肉食品，猪肉需求量年年看涨。前段时间虽然受经济危机的影响，猪肉价格下跌，但至少还是平稳的。虽然后来又受到“猪流感”的影响，但现在情况已经稳定，猪肉的刚性需求不会改变，猪肉市场稳定。受养猪效益的驱动和国家对生猪生产政策扶持的影响，我国部分地区养猪生产出现了恢复性增长。但可繁母猪数量不足，仔猪和饲料价格昂贵，还有疫情等问题，仍然制约着生猪养殖的发展。所以据估计，今后几年内我国总体生猪市场不会出现大的供过于求的情况，猪肉价格仍会高过成本价，维持在一定水平。

2. 肉牛的养殖

牛肉味道好、营养价值高，市场价格也是比较高的，而且由于物价上涨等原因，牛肉价格还存在一定的上涨空间。目前国际国内肉牛市场需求正旺，中国肉牛在世界市场上的竞争力也明显增强，我国高档的肥牛肉在欧盟、美国、日本、俄罗斯和中东国家十分畅销，市场潜力大。不过由于肉牛饲养成本上升、肉牛繁殖周期长等原因，使肉牛养殖存在一定风险。但近年来，农户养牛规模有所下降，而市场对牛肉的需求量仍在增加，今后几年肉牛养殖仍然持续看好。

3. 驴的养殖

驴全身都是宝，开发利用价值大，驴皮、驴肉具有很高的医用价值和营养价值。近年驴产品不断开发成功，农业部已将商品驴技术研究开发项目列入2010年扶植发展项目。未来养驴有极大的市场发展空间。

优点是：驴肉细嫩味美，营养价值高，素有“天上龙肉，地上驴肉”的美称，市场价格高。养驴成本低，易繁殖，好管理，投入少，见效快。驴皮是加工中成药阿胶的主要原料，售价高，药厂大量收购，供不应求。

缺点是：目前驴肉市场缺乏消费主流，作为企业原材料的驴皮必须与加工企业挂钩，养驴需采用“农户+公司”的生产经营模式，才能确保获得更多的利润。

4. 羊的养殖

近几年来，羊肉价格始终处于攀升的态势，羊绒、羊毛也有稳定的市场需求，羊的养殖未来发展空间广阔。从肉羊养殖前景来说，具有以下几个特点：

（1）羊肉成为一种理想、安全的肉食品，羊肉的消费量和出口量呈直线上升趋势。

（2）羊肉价格稳定，市场需求平稳。从近10年的养殖市场分析来看，猪肉、鸡肉等的行情均不稳定，价格经常大起大落，而羊肉的销路看好。由于肉羊繁殖相对缓慢，数量的增加与市场需求增大处于动态平衡状态，使得肉羊养殖成为投资小、获利稳的养殖项目。

（3）羊肉产量的下降，消费量的增加，导致羊肉市场出现了供不应求的局面。

据调查分析，今后几年养殖业会迎来一个上涨的趋势，致力于在农村创业的朋友一定要抓住这个大好时机。

资料来源 《养殖业持续看好 农村创业机会多》，载商机网/创业点子/教育，http：//www.28.com/cydz/jy/n-517068.html，2010-03-10。

6. 目前农村可选择的创业项目

根据当地的实际情况，比如市场、资源、环境等，一般来说，农村发展种植业（特别是经济作物）、养殖业（主要是适度规模养殖猪、禽、羊、兔、鱼等）比较适宜。除了这两大农村基础产业外，随着城乡经济一体化的深入发展，农村集镇的涌现，产生了许多前景非常好的行业和项目。以下是一些可供农村创业者参考选择的创业项目：

①农产品加工业。红薯的加工——薯粉；稻米的加工——米粉、糯米酒；大豆的加工——豆腐、豆豉、腐乳、腐竹；白菜的加工——泡菜；竹子的加工——竹笋干、各种竹子编织物（竹椅、竹垫、竹筐、竹工艺品）等。民以食为天，中国食品消费市场总量巨大，不仅城市居民，农村居民也有巨大的对加工食品的需求。非食品类的农产品加工业也有着广阔的市场。无论是食用还是非食用农产品加工业，只要有特色，质量有保证，就一定有销路。

②商业、零售业。在农村可以兴办各种小卖部、日杂店、专营店、超市、集贸市场。农村居民消费市场很大，需要提供各种各样的购物场所。

③建筑业。可创办建筑公司、建材商店、家居装饰公司等。新一轮农村住房建设已经来临，水泥、砖瓦、板材、钢材、铝材在农村的销量飞速增长，为农村创业者提供了很多创业机会。国家大力发展农村水利建设，也为农村建筑业提供了广阔的市场。

④物流运输业。工业产品下乡，农产品进城，城市居民去乡下旅游观光，农村居民去城里打工、旅游，这带来了大量物流、人流，为发展农村运输业提供了条件，可以创办各种物流公司、配送公司等。

⑤通讯业。可在农村开办手机经销店、电脑零售店、手机充值服务店，可以创办为农村网络建设服务的公司（铺设电缆等）等。

⑥农村旅游业。包括农业观光、农活体验、农家餐馆、农家宾馆等创业项目。

⑦医疗保健业。可开办农村药房、小诊所、敬老院、沐足按摩服务店等。

⑧家政服务业。可开办钟点工服务所、托儿所、幼儿园等。

⑨农村文化娱乐业。可开办电影院、戏院、马戏团、书店、体育训练馆、各种教育培训班、各种兴趣俱乐部等。

⑩农业生产服务业。可选择机耕、插秧、收割、防虫治病、供应农资

(种子、化肥、农药、农用机械)等创业项目。

⑪饲料加工业。包括饲料加工、饲料经销(代理经销一些大型饲料企业产品)等。

⑫农村经纪人。农村经纪人即为农产品买卖双方介绍交易、进行沟通，从中获取佣金的中间人。可以开办个体经纪人、合伙经纪人和公司制经纪人等服务性企业。

三、怎样评价与选择项目

1. 评价创业项目应考虑的因素

(1) 市场机会的大小

所选择的项目最好是有大规模和成长型的市场，即获得很小的市场份额，就可以产生极大的、持续增长的销售量的市场。要明确回答以下问题：我能得到多大的市场份额？可能的营业额有多少？可能获得多少毛利？该项目的市场寿命周期有多长？在新竞争者进入之前有多长时间可以利用？

一般而言，理想的毛利率是40%。当毛利率低于20%的时候，这个创业机会就不值得再予考虑。

(2) 投资额需要多少

要考虑有效地开发这个项目需要多少投资，特别是需要筹集多少现金，自己是否有能力筹集所需的资金。

(3) 投资回报率是多少

这一创业项目能带来多少利润？投资回报率比投资国债或购买企业债券所获利息率高多少？需要多长时间才能收回本钱？该项目的机会成本是多少？

考虑到创业可能面临的各项风险，合理的投资回报率应该在25%以上。一般而言，创业项目只有15%以下的投资回报率，是不值得考虑的。

(4) 风险的大小

技术是否成熟？是否属于行业领先(或国内、国际领先)技术？产品能否顺利销售出去？是否会遇到竞争者的强烈反击？原材料供应是否有保障？

(5) 退出机制与策略

所有投资的目的都在于资金回收，因此退出机制与策略就成为评估创业项目的一项重要指标。企业的价值一般也要由具有客观评价能力的交易市场来决定，而这种交易机制的完善程度也会影响新企业退出机制的弹性。由于退出的难度普遍要高于进入，所以一个具有吸引力的创业项目，应该要为所有投资者考虑退出机制，以及退出的策略规划。

2. 创业项目的战略分析

此方法又叫 SWOT 分析法，它是一种综合考虑企业内部条件和外部条件，对其进行系统性评价，来考察创业者初步拟定进入的一个或几个业务领域是否适合创业者进入并在该领域形成竞争优势，从而选择最佳的经营战略的常用方法。S 是指企业内部的优势，W 是指企业内部的劣势，O 是指企业外部环境的机会，T 是指企业外部环境的威胁。应该指出，优劣势的分析主要是着眼于创业者自身的技术特点、经济实力等及与竞争对手或可能竞争对手的比较；而机会与威胁分析侧重于创业者拟创业的外部环境的变化及其可能带来的影响。SWOT 分析方法应用在创业中，可以从战略的角度，帮助创业者分析自身的优势和劣势以及要开创的新事业所面临的机会与威胁，以帮助创业者做出正确的战略选择。

SWOT 分析方法的基本过程如图 2—2 所示。首先是环境与拟创企业的能力分析，然后将拟创企业的优劣势与环境中可能出现的机会与威胁进行配比分析，并进行战略竞争优势检验，最后形成企业战略。

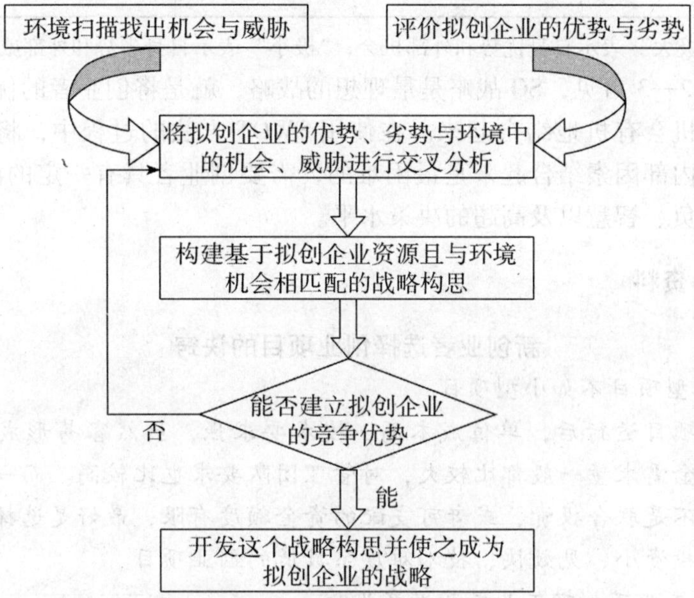

图 2—2　SWOT 分析方法

SWOT 分析作为创业战略制定的一种方法，可为创业者提供四种可以选择的战略：SO 战略，WO 战略，ST 战略，WT 战略，见表 2—3。

表 2—3　　SWOT 战略组合

内部因素 外部因素	内部优势（S）： 如技术、管理、营销、资金、人才、机制等	内部劣势（W）： 如技术、销售渠道、资金、管理等
外部机会（O）： 如经济发展态势、新政策出台、产业结构调整、技术发展动态、新技术出现等	SO 战略： 极大—极大 可能是最成功的战略组合，运用自己的优势，充分利用机会	WO 战略： 极小—极大 如利用机会，采取克服劣势的创业战略
外部威胁（T）： 如在位者阻挠、市场进入壁垒高、经济环境不好、产业政策发生变化、市场萎缩、替代技术或产品出现	ST 战略： 极大—极小 运用优势克服外部环境威胁	WT 战略： 极小—极小 放弃、依附创业或合资

注：“极大”表示自身优势和外部机会；“极小”表示自身劣势和外部威胁。

由表 2—3 可见，SO 战略是最理想的战略，就是将创业者的优势与环境给予的机会有机地结合起来。在使用 SWOT 方法的过程中，将机会和拟创企业内部因素结合起来是最困难的，需要创业者具有一定的洞察力、理想、抱负、智慧以及高超的决策水平。

❀ 小资料

新创业者选择创业项目的诀窍

1. 大型项目不如小型项目

大型项目运行后，单位成本高，技术要求强，虽然容易形成支柱产业，但资金需求量一般都比较大，对管理团队要求也比较高。而一般创业者，如果不是联合投资，或者可支配的资金额度有限，最好是选择市场反应灵活、投资小、见效快、技术难度系数低的创业项目。

2. 重工业不如轻工业或新兴产业

重工业是国民经济发展的基石，轻工业却是发展的龙头。重工业投资周期长、耗资多、资金回收慢，一般不是创业资本角逐的领域。无论是生产加工，还是流通贸易，经营轻工产品尤其是消费品，风险小，投资成本低、难度小，容易在短期内见效。以因特网为平台的新兴产业很灵活，其市场空间大，投资成本低，成为目前创业者选择的热门。

3. 男性市场不如女性市场

西方商界有句名言：做女人的生意，掏女人的腰包。市场调查表明，社会购买力的70%以上是掌握在女人手里的，女人不但掌握着大部分中国家庭的“财政大权”，而且相当大部分的商品是由女人直接消费的。市场目标对象定位于女人，创业者会发现更多的机会。

4. 成年人市场不如儿童市场

儿童市场里不仅有食品、饮料，还有教育、玩具等。其中，儿童用品包含了儿童成长不同时期的消费。儿童消费市场大，随机购买性强，容易受到广告、情绪、环境等因素的影响，向这种市场投资是一种富有生命力的选择。在中国，满足了孩子的需求，在很大程度上就是满足了他们父母的需求。

5. 用品不如食品

民以食为天，中国人有闻名世界的饮食文化。千家万户的一日三餐，逢年过节，婚丧嫁娶，再加上每年数额巨大的招待费用吃喝，食品市场是十分庞大而富有生命力的，而且政府除了技术监督、卫生管理外，对食品的规模、品种、布局、结构，一般不予干涉。食品业投资可大可小，切入容易，选择余地大。

6. 综合不如专业

品种丰富，大众买卖，这已经是一般投资者的思维定式。大而全、小而全的经营，是计划经济下上下认同的模式。市场经济是综合化发展的，不过这更多的是一种宏观的态势和整体格局，微观领域往往要靠专业化取胜。专业化生产和流通容易形成技术和批量经营的市场特色，厂商有竞争的环境，用户有较大的选择余地。

资料来源　邓超明、刘杨、代腾飞：《赢道：成功创业者的28条戒律》，北京，清华大学出版社，2009。

3. 创业项目的选择

总结国内外创业者的成功经验，我们认为在选择创业项目时，遵循以下几个原则比较容易获得创业的成功：

①选择自己熟识的项目；

②选择自己喜欢的项目；

③选择自己能做的项目；
④选择有市场潜力的项目；
⑤选择经济效益好的项目；
⑥选择竞争优势强的项目；
⑦选择风险比较小的项目；
⑧选择国家政策鼓励和支持的项目。

创业者在选择项目时，应根据实际情况，自我评价，综合考虑，也可征求一些专家的意见，再做出最终决定。

❀ **小资料**

方便面是怎样开发出来的

方便面被日本人评为20世纪人类最伟大的发明之一，发明人安藤百福所管理的企业得益于方便面而由一个小型食品厂很快成长为日本食品行业的龙头企业，到现在，该企业已成为世界知名企业——日清食品公司。那么，方便面究竟是怎样被开发出来的呢？

1. 世界第1号方便面的诞生

第二次世界大战结束后，日本百废待兴。经过10年的恢复建设，日本的经济已达到战前（1944年）最高水平。随后，便迎来了近20年的经济发展黄金时代。随着国民收入的增加，消费支出也增加了。而在消费支出中首先是食品消费的增加，即由吃饱转向吃好。日本人很喜欢吃面条。当时全体员工尚不足30人的日清食品公司的老板安藤百福常常看到许多面食店柜台前排着一条长队，等待吃面条。这种情景在安藤百福的脑海里留下了很深的印象。安藤百福思考着：如果能把煮面的时间缩短，减少顾客等待的时间，则一定会获得更多的顾客。于是，大约在1957年，一个崭新的商品概念——“使面条烹调时间最少化的方便面”形成了。具体来说，安藤百福设计的这个新商品有5个特点：（1）烹调时间短；（2）味道好；（3）易保存；（4）价格低廉；（5）营养丰富。然而，由于没有相应的技术，开发起来难度很大。

当时，安藤百福全力以赴投入到这一新商品的研制中，经常每天只睡3~4小时。研制中碰到的最大难题是，怎样做到用开水（热汤）泡2~3分钟就可以吃。安藤百福受到油炸食品（油炸虾、鱼等）的启发，即采用油炸进行干燥处理的方法，但开始试验时效果并不理想。水分的含量、热处理的时间、油的温度等不同，所获得的结果有很大差别。特别是面条在油炸之前的水分控制很难把握。将面条放入烧开的油锅里，水分瞬间就蒸发掉了，大量眼洞涌现出来。这种多孔型油炸面，如果眼洞大的话（油炸前的水分多），放在开水里一泡，眼洞迅速膨胀，变得非常松软，失去了面筋味；如果眼洞太小的话（油炸前的水分少），放在开水里需要浸泡很长时间才能变软。经过反复试验，他终于解决了这个难题，而其他问题就相对比较容易解决了。大约经过一年的时间，即1958年8月，世界第1号袋装方便面——“日清油炸鸡味即食面”诞生了。

2. 世界第1号泡沫塑料杯装方便面的诞生

“日清油炸鸡味即食面”投放市场以后，各种各样的袋装方便面不断出现。特别是1962年日本明星食品公司开发的附调味料（即用小袋包装、与方便面合装于一袋）的“明星即食面”，是对袋装方便面的很大改进，它满足了消费者口味多样的需求。另一项引人注目的创新是日清食品公司开发的“杯装即食面”，它被称为方便面的第二次革命。

1966年6月，安藤百福总裁去美国、欧洲考察，确定在国外投资设厂生产方便面。在美国考察时，他发现那里的人吃方便面时，经常放入杯子里用开水冲泡；而且注意到消费者用锅煮方便面时还要倒入碗中才能吃，并不方便。安藤百福由此受到启发：如果能找到一种既有锅的烹调作用，又有碗的盛物作用的容器，将方便面包装起来出售，一定会成为畅销商品。于是一种新商品概念——“只需用开水一泡就能吃的杯（碗）装方便面”形成了。

安藤百福对所有可以做容器的素材进行了试验。结果，筛选出聚苯乙烯（泡沫塑料）作为容器的材料，因为泡沫塑料容器具有保温性高、冷却缓慢、传热性低（不烫手）、重量轻等优点。

容器这个最大的问题解决后，还要解决面块、调料等内容物与容器的配合问题。为了使面块用开水冲泡3分钟即可食，经过反复试验，将面块制成上密下松结构。调味料（虾、蛋、肉、海带等）采用当时最新的瞬间冻结干燥法加工，直接放在面块上，用开水冲泡后整个味道非常鲜美。最后封口是采用铝箔纸与泡沫塑料加热粘合的。

1971年9月，新商品——“杯装即食面”从构思开始，历经5年，终于问世了。这是日清食品公司开发出的又一个世界第1号新商品。“杯装即食面”一上市，就受到广大消费者青睐，很快成为日本，甚至世界的畅销商品。到1989年，容器包装方便面的销售量已超过袋装方便面的销售量。

日清食品公司由于开发出第1号袋装方便面和第1号杯装即食面，公司的发展突飞猛进，现已成为世界知名的大型企业，同时，也推动了世界方便面产业的大发展。

资料来源　张光辉：《商品开发学》，广州，暨南大学出版社，2003。

第三章　通盘考虑做计划

一、创业计划有什么作用

1. 创业计划的内涵

创业计划，是对与创业项目有关的各项事务进行总体安排的文件，包括商业前景展望，人员、资金、物质等各种资源的整合，经营战略和盈利模式的确定以及市场营销策略的实施等，是为创业项目制定的一份完整、具体、深入的行动指南。一份完整的创业计划应该能够有理有据地说明企业的发展目标以及实现目标的时间、方式和所需的资源。

创业计划的主要内容有：分析商机，说明创业者的基本创业思路和预期达到的创业目标；分析并阐述创业者如何利用这一创业机遇进行发展；分析说明影响创业成败的关键因素；分析并确定创业企业的筹资办法；分析创业项目所面临的风险及应对策略。

实质上，创业计划是将创业理想和创业期望进一步具体化。它一般要考虑公司未来 3 ~5 年的发展，并在企业运营中根据实际情况相应地进行调整。

2. 创业计划的作用

（1）明确创业的方向和目标

创业者通过制订创业计划，可以冷静地分析自己的创业项目是否切实可行，明确自己今后的努力方向，进而规划创业的蓝图。创业目标的确定是创业道路上最关键的一步，它决定着创业者所创企业今后的发展方向及发展规模，乃至创业的成败。

创业目标决定创业企业的未来发展与走向。将所创办的企业看作自己毕生追求的事业型创业者，会想尽办法将企业做大、做强，甚至会将其做成百年大企业；而追求迅速盈利的投资型创业者则不会潜心构建一家持久经营、长期获利的公司，其创办的企业可能会比较短命，或者被其他企业收购，或者破产倒闭；而那些谋生型创业者，他只管赚取足够的现金来维持自己的某种生活方式，并不会谋划着扩大自己的公司，因而他的企业做不大，也做不长久。

（2）周密安排创业活动

创业计划的内容涉及创业的类型、资金规划、阶段目标、财务预算、行销策略、风险评估、团队管理等所有的创业活动。制订创业计划，可以使创业者对产品开发、市场拓展、投资回收等一系列重大的战略决策进行全面、细致的思考，并在此基础上制订翔实的营运计划，周密地安排创业活动，为有效的日常管理提供科学的依据。

（3）寻求外部资源的支持

制订创业计划可以使创业者发现必需的资源，了解所需资金、设备、人员等各方面的情况。一份完善的创业计划书可以使阅读者（包括可能的投资人、合作伙伴、供应商、顾客、政府机构等）了解创业项目的可行性，进而决定是否给予支持。

创业者在创业过程中既要讲独立，又要讲合作。适当的合作（包括合资）可以弥补单方的不足和缺陷，使自己的企业在市场中迅速站稳脚跟、由小变大、由弱变强。合作共赢、分享利润总比单打独斗好，所以创业者应积极利用外援。

（4）演练创业者未来的行动方案

通过制订创业计划，可以使创业者了解自己的客户，如何想办法让客户知道自己的公司；通过价值链分析，搞清上下游企业之间的关系，认清自己的企业在产业价值链中的位置；了解竞争对手，有一定竞争对手的市场是一个被看好的市场，这样可以将竞争对手作为参照物来说明自己的竞争力；认识到如何建立一个高效率的团队；了解如何搞好企业的财务管理，获得更大的效益等。

二、创业计划书包括哪些内容

创业者将创业项目的运作过程以文字形式表现出来，就形成了创业计划书。它可以是纸质文本，也可以是电子文本。创业计划书好比一部电影的剧本——创业者对照它去行动，投资者通过阅读它来决定是否投资。一份完整的创业计划书应包括创业计划摘要、企业介绍、产品（服务）、市场分析与营销策略、产品制造、管理团队、财务管理、风险评估与控制、附录等。

1. 创业计划摘要

为了吸引创业战略伙伴与风险投资家的注意力，把创业计划的核心内容提炼出来，列在创业计划书的最前面，就形成了创业计划摘要。它是整个创业计划的精华。

创业计划摘要虽然列在创业计划书的最前面，但它是在其他部分定稿之后才撰写的。它涵盖了创业计划书的要点，应简明扼要、条理清晰地阐明创业的基本思路、目标及其优势；篇幅不宜太长，一般在3页纸内完成。创业者要反复推敲，精益求精，使创业计划摘要结构完美、语句清晰、图文并茂、流畅且富有感染力，以便读者在最短的时间内一目了然地评审计划，并做出判断。

在创业计划摘要中，创业者应回答以下几个问题：①企业所处的行业以及企业经营的性质和范围是什么？②企业主要产品或服务的内容是什么？③企业的市场在哪里、谁是企业的顾客，以及顾客的需求有哪些？④企业的合伙人、投资人是谁？⑤企业的竞争对手是谁？与竞争对手相比，自己有哪些优势？⑥企业的盈利模式是什么？⑦企业的财务运作及效益怎么样？⑧企业所面临的风险有哪些？有什么应对策略？

在创业计划摘要中，创业者还要介绍自己的背景、经历、经验和特长等。创业者和创业团队的素质对企业的成绩往往起着关键性的作用，所以创业者应尽量突出自己的优点并表达自己对创业项目的坚定信心和强烈的进取精神，以便给投资者留下好印象。

2. 企业介绍

在介绍企业时，首先要说明创办企业的思路、创业项目的形成过程以及企业的目标和发展战略；其次要介绍企业的现状、背景和经营范围，要突出经验和优势；最后还要介绍创业者及创业团队的特点和优势，阐述为什么要创办企业以及创意是如何产生的。企业介绍主要包括以下三个方面：

（1）企业的经营理念

企业的经营理念是指创办企业的出发点和归宿，即企业得到社会普遍认同的、体现企业自身个性特征的、促使并保持企业正常运作及长足发展而构建的、反映整个企业明确经营意识的价值体系。描述企业的经营理念，让人们相信我们的企业能为客户带来利益、满足客户要求，能够做到可持续发展。

（2）企业的基本情况

企业的基本情况包括企业名称、成立时间、注册地点、经营场所、公司的法律形式、公司的法人代表、注册资本、主要股东、股份比例等，重点介绍企业未来发展的详尽规划、企业发展的方向和发展战略。

（3）企业的发展阶段

在这部分，要说明企业创立时的情况，早期的发展情况，稳定发展期的情况，扩张期的发展情况，企业合并、重组或稳固地占领市场等情况；说明企业要实现的近期目标、中期目标、长期目标。

3. 产品（服务）

具有市场前景的产品（服务）是公司利润的源泉，而且战略伙伴和投资人最关心的问题之一就是新创企业的产品、技术或服务能在多大程度上解决现实生活中的问题，其产品（服务）能否帮助顾客降低成本、增加收入。因此，要非常详尽、准确地描述企业的产品（服务）项目，特别是产品（服务）的技术特点；同时，描述要通俗易懂，让非专业的投资者也能看明白。在介绍产品时，最好能附上产品（服务）的原型、照片等，使投资者能够很直观地了解产品（服务）的特点。产品（服务）主要介绍以下内容：

（1）产品（服务）的基本描述

该项主要介绍所提供产品（服务）的概念、性能、特性及用途，要突出介绍产品的新颖性、先进性和独特性，旨在说明企业的产品（服务）能解决什么问题，客户使用这种产品能获得什么好处，与同类产品相比是否能获得更大的回报。

（2）产品（服务）的市场竞争力

该项说明与竞争对手的产品相比，本企业的产品有哪些优点、缺点，顾客为什么会选择本企业的产品，本企业的产品为什么适合市场的需求等。

（3）产品的研发过程

该项主要介绍企业或技术骨干过去的研究和开发成果，以及成果的技术先进性（包括技术鉴定情况，获国家、省、市级以及有关部门和机构的奖励情况等）；参与制定产品或技术的行业标准、质量检测标准情况；在技术与产品研发方面，与国内外竞争对手的比较情况；为提高产品竞争力拟采取的措施等。

（4）开发新产品的计划与成本分析

该项主要介绍在产品开发方面已投入多少资金，计划再投入多少开发资金（列表说明每年购置开发设备费用、开发人员工资、实验检验费用以及开发的其他费用）；每件产品的实际成本是多少；企业今后的开发方向、开发重点和正在开发的技术和产品；与其他单位的合作开发情况；企业在保持关键技术人员和技术队伍的稳定方面将采取哪些激励措施；薪酬成本等。

（5）产品的品牌和专利

该项主要说明企业为自己的产品采取了哪些保护措施，产品拥有哪些专利、许可证，或者与申请专利的厂家达成了哪些协议，如拥有的专门技术、版权、配方、品牌、销售网络、专营权、特许经营权等。

（6）产品的市场前景预测

该项主要说明产品市场的容量、产品定价对企业利润的影响，以及用户会大批量地购买本企业产品的原因。

4. 市场分析与营销策略

当创业者开发一种新产品或向新的市场扩展时，首先必须进行市场分析，然后针对目标市场制定营销策略。

（1）市场分析的内容

市场分析主要包括：市场需求预测；目标市场的容量与未来市场的发展趋势；市场竞争的状况、竞争对手的发展动态、本企业产品的市场地位；估计市场需求份额和销售额。

（2）营销策略的内容

营销策略主要包括：目标市场的定位；市场机构和营销渠道的选择；营销队伍的管理；在价格、促销、建立销售网络等各方面拟采取的策略。

5. 产品制造

创业计划中的产品生产计划主要说明有关产品生产制造方式、生产设备、工艺和质量控制等方面的问题，其主要内容包括以下三个方面：

（1）产品生产制造方式

该项主要说明，是自己建厂生产产品，还是通过委托或其他方式生产产品。如果自己建厂生产产品，那么，要说明是购买厂房还是租用厂房，厂房的总面积及生产面积是多少，厂房地点及交通、运输、通信条件如何。

（2）生产设备

该项主要说明，现有生产设备是专用设备还是通用设备，设备的先进程度如何，价值是多少，是否投保，最大生产能力是多少，能否满足产品销售增长的要求。随着市场的扩大，如果需要增加设备，那么设备的更新情况、采购计划、采购周期、安装调试周期如何；如何解决设备需要的特殊技能员工的问题；如何解决员工技能的培训等问题。

(3) 工艺和质量控制

该项主要描述产品生产制造过程，采用何种工艺，工艺流程如何，各工艺流程的质量控制计划和指标如何；如何保证主要原材料、元器件、配件以及关键零部件等生产必需品的进货的稳定性、可靠性、质量及进货周期。在正常生产情况下，成品率、返修率、废品率应控制在怎样的范围内，怎样保证新产品在进入规模生产时的稳定性和可靠性；生产过程中的质量保证体系及其运转模式。

6. 管理团队

一个企业的成功与否最终取决于该企业是否拥有一个高效、团结的管理队伍。一个企业必须具备负责产品设计与开发、市场营销、生产作业管理、企业理财等方面的专门人才；企业管理的好坏，直接决定了企业经营风险的大小，而高素质的管理人员和良好的组织结构则是管理好企业的重要保证。在创业计划书中，必须阐明企业的管理结构及主要管理人员的相关情况，重点展示管理团队的凝聚力和战斗力，使战略伙伴或投资人了解企业的管理团队是由一些具有丰富的管理经验和较高的职业道德的人员组成的。优秀的管理团队将确保企业紧紧抓住好的商业机会，以有效的方式实现企业的经营目标。

(1) 公司治理结构和管理机构

创业者首先要全面介绍企业管理团队的主要情况，包括公司的主要股东及他们的股权结构、董事和其他高级职员、关键雇员及公司管理人员的职权分配和薪金情况；然后，将管理机构、股东情况、董事情况、各部门的构成情况等，以一览表的形式（或者其他形式）清晰地展示出来。

(2) 核心管理人员

该项详细介绍公司的核心管理人员，包括他们的职务、工作经历和经营业绩、受教育程度等，特别是有关专业知识、技能和成就，描述管理团队中每个关键人员的确切职责（注意管理分工和互补）；也可以列出重要顾问成员的主要特长、工作成就等背景资料。

(3) 激励和约束机制

该项目说明企业准备设立哪些机构、各机构配备多少人员、人员的年收入情况；还要说明是否考虑员工持股问题，如果考虑，就需要说明股票期权的实施办法和红利分配原则；企业如何加强对员工的持久激励；阐明企业的内部约束机制和外部约束机制。

7. 财务管理

战略伙伴和创业投资者最关心企业经营的损益情况，进而判断自己的投资能否获得预期的回报。因此，财务管理是决定战略合伙人是否加盟、创业投资者是否投资的关键因素。

（1）今后三年企业的发展规划与财务计划

创业者要根据营销计划、市场计划的各项分析和预测，在全面评估市场信息和公司财务环境的情况下，提供公司今后三年的预计资产负债表、利润表及现金流量表。创业者要将预测的依据、预测的前提假设以及预测的方法一一列明，来增加预测的可信度。

（2）融资计划

融资计划是创业计划书的关键部分，是投资者十分关心的问题，其内容主要包括以下方面：

①资金需求量，即资本结构。为保证项目实施，需要新增多少投资；在新增投资中，需要投资方投入、对外借贷、公司自身投入各多少；对外借贷、抵押或担保措施是什么。

②如何使用这些资金。说明投入资金的用途和使用计划。

③投资人可以得到的回报。预计未来 3 ~5 年平均每年的净资产回报率；投资方以何种方式收回投资，以及收回投资的具体方式和时间。

（3）企业营运中的财务管理

必须要明确下列财务管理问题：产品在每一个期间的发出量有多大？什么时候开始扩张产品线？每件产品的生产费用是多少？每件产品的定价是多少？使用什么分销渠道？所预期的成本和利润是多少？需要雇用哪几种类型的人？雇用何时开始？工资预算是多少？

8. 风险评估与控制

风险是指在创业过程中，由于不确定因素的发生（经济不景气、自然灾害的发生、竞争对手的新举措等）而带来的损失。风险评估的主要内容包括：企业存在风险的种类，企业发展各阶段的主要风险，评估风险的水平，降低风险的措施等。应重点说明企业将如何应对所面临的风险。图 3—1 列出了企业的风险评估项目，包括政策风险、市场风险、经营管理风险、财务风险、人才风险和不可预见风险等。

（1）政策风险

国家政策的调整和变化导致产业的发展和产业格局的变化有可能给企业发展带来政策风险。创业者应主动了解国家政策导向和有关主管部门的

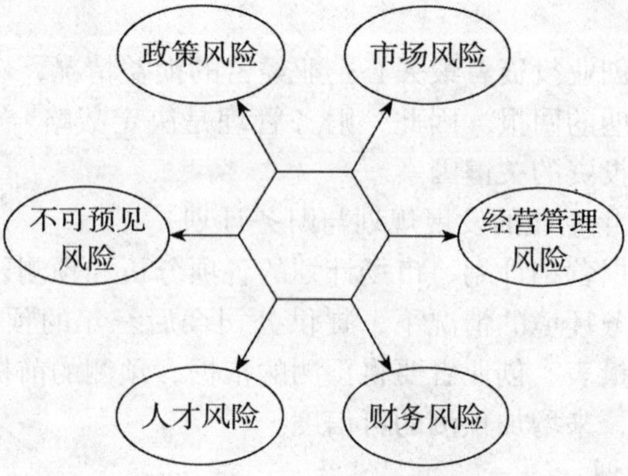

图 3—1　企业风险评估项目

政策信息，尽可能把握政策发展变化方向，必要时转换经营项目，减少经济损失。

（2）市场风险

政策环境的改变和行业竞争的改变会使市场环境改变，从而使企业的经营、发展面临风险。创业者最好加强对市场的调查和预测，加强对竞争对手的分析，提高利用新技术开发新产品的能力，努力提高市场竞争力。

（3）经营管理风险

经营项目在运营过程中的决策失误、开发项目失败、客户合作项目流产、工作管理失误、工作运营成本增加等问题也会使企业发展遭遇困难。创业企业应建立严格、高效的管理制度，制定项目危机管理措施和风险防范措施，努力实现管理者利益、员工利益和公司利益紧密结合，以规避风险、降低损失。

（4）财务风险

企业的经营过程中投资资金不到位、资金周转困难、财务管理出现漏洞以及陷入三角债困境等，都会使企业发展举步维艰，所以创业企业应完善账务管理制度，加强财务监管，积极拓宽融资渠道，以多种方式突破资金瓶颈，降低财务风险。

（5）人才风险

人才管理不当、人才流失或者人才能力和素质存在缺陷等问题有可能导致管理成本提高、效率低下等人才风险。管理者可以通过撤换不当人才、调整项目组激励机制和运营模式等方式，以良好的人才环境吸引人，以正规的制度管理人，以人文关怀感动人，以发展空间留住人，有效规避人才风险可能带来的损失。

(6) 不可预见风险

一些不可预见的事件，如战争、动乱、天灾人祸、大规模流行疾病等也可能使企业的经营、发展面临风险。经营者要尽可能全面地了解自然环境、社会环境的变化发展信息，一旦发生风险，根据风险的影响程度和范围，及时采取相关措施，力争把风险带来的损失降到最小。

如果我们的估计不那么准确，就应该估计出误差范围有多大。如果可能的话，对关键性参数做最好和最坏的设定。

9. 附录

这部分包括与创业计划相关但不宜放在前面的内容，主要分为附件、附图和附表。

(1) 附件

附件主要包括：①意向书、主要合同等文本；②营业执照正副本；③公司章程、董事会名单及简历；④产品说明书及相关材料；⑤市场调查资料；⑥竞争分析资料；⑦产品专利证书、鉴定报告；⑧产品注册商标。

(2) 附图

附图主要包括：①企业组织结构图；②技术设计图；③工艺流程图；④产品展示图；⑤产品营销预测图；⑥项目选址图。

(3) 附表

附表主要包括：①主要产品目录；②主要客户名单；③主要供应商和经销商名单；④主要设备清单；⑤市场调查表；⑥现金流量预测表；⑦资产负债表；⑧企业利润预测表；⑨工作进度表。

三、怎么写创业计划书

1. 编写创业计划书的基本步骤

(1) 准备阶段

创业计划书涉及的内容较多，因而编写创业计划书前必须进行周密安排，主要应做好以下准备工作：①确定创业计划的目的与宗旨；②组成创业计划工作小组；③制订创业计划书的编写计划；④确定创业计划书的总体框架；⑤确定创业计划书编写的日程安排与人员分工。

(2) 搜集资料阶段

以创业计划总体框架为指导，针对创业目的与宗旨，搜寻企业内部与外部资料，包括创业企业所在行业的发展趋势、产品市场信息、产品测试、实验资料、竞争对手信息、同类企业的组织机构状况、行业同类企业的财务报表等。搜集资料可以分为实地调查与搜集二手资料两种方法。实地调查可以得到创业者所需的一手真实资料，但时间及费用耗费较大；搜集二手资料较易，但可靠性较差。对于这两种方法，创业者可根据需要灵活采用。

（3）形成阶段

创业计划书的形成阶段又分以下几个步骤：

①拟定创业执行纲要：其主要内容包括对创业项目、创业企业、市场竞争、营销策略、财务计划、组织与管理、技术与工艺、融资方案以及创业风险等内容进行分析，撰写各项内容的要点和框架。

②草拟创业计划书：依据创业执行纲要，分工到人，进行全面、详细的编写，形成较为完整、详细的创业计划方案。

③确定创业计划书定稿：创业团队成员对初稿各部分进行交叉审阅并讨论修改，统一意见后，确定创业计划书的最终稿，并印制成正式创业计划书文本。

2. 创业计划书写作的结构与格式

通常，一份创业计划书在前面需要写 2 ~ 3 页的摘要，接下来是创业计划书的具体章节。

（1）封面和扉页

封面通常包括公司名称、联系电话、电子邮件及通信地址、日期、项目编号等内容。创业计划书的封面样式如图 3—2 所示。

收到创业计划日期:__________
项目编号:__________
项目负责人:__________

创业计划书

项目名称__________
项目单位（盖章）__________
联系电话__________
通信地址__________
传　　真__________
电子邮件__________
联 系 人__________

编号：××　　　　机密

××项目

商业计划书

××公司

20××年×月×日

图 3—2　创业计划书封面样式示例

扉页一般为“保密须知”。创业计划书扉页样式示例如图 3—3 所示。在保密须知中，要注明“创业计划属于商业机密，所有权属于××公司（××项目），未经同意，其他任何人不得将计划全部或部分予以复制、传递给他人，影印、泄露或散布给他人”等类似条款。在扉页下半部分还可以写上企业的联系方式。

保密须知

本创业计划书内容为公司内部商业机密，所有权属于××公司（或项目持有人××），所涉及的内容仅对有投资意向的投资者公开。投资公司收到本创业计划书后，应立即确认并做出以下承诺：

妥善保管本创业计划书，未取得本公司（或项目持有人××）的书面许可前，不得将本计划书的内容向第三方公开复制、泄露或散布。若贵公司无意投资或合作项目，请尽快将本计划书完整退回。

项目经理签字：

联系电话：

接收日期：______年______月______日

图 3—3　创业计划书扉页样式

（2）目录

有的创业者出于节省成本或者自身方便的考虑，常常在创业计划书中忽略目录。实际上，在很多时候，尤其是创业计划书页数较多的情况下，忽略目录的做法会给阅读者带来许多不便，而且不利于他们迅速地把握创业计划书的内容。所以，在一般情况下，创业计划书应尽量配上较详细的目录。

（3）正文

这部分是整个创业计划书的核心，其内容已经在前面进行了详细的说明，主要包括以下几个部分：

①摘要；

②公司简介；

③企业组织与管理；

④产品介绍；

⑤研究与开发；

⑥市场与营销；

⑦生产与经营；

⑧基本经营模式；

⑨竞争与风险；

⑩财务分析。

各部分顺序和名称在不同的创业计划书中会有一些调整。各部分的详细内容写作可参考下面的小资料。

（4）附录

附录的主要内容在前面已经进行了说明，这里不再赘述。

❀ **小资料**

康临生物农药创业计划书（仅列目录部分）

目　录

资料来源 第六届“挑战杯”全国大学生创业计划竞赛银奖作品。

3. 撰写创业计划书应注意的事项

（1）重点突出、注重时效

每一份创业计划书都应有自己独特的个性，要突出每一个创业项目的独特优势及竞争力。另外，要注意创业计划中所使用资料的时效，制订周期长的创业计划书应及时更新有关资料依据。

（2）使用规范化、专业化语言

财务分析要形象、直观，尽可能地采用图表描述；战略、市场分析、营销策略、创业团队介绍要使用管理学术语，尽可能做到规范化、专业化，但在解释术语时要做到通俗易懂。

（3）文风要一致

创业计划书的内容多，涉及面广，因此，要求创业小组分工完成，但应由组长统一协调定稿，以免出现零散、不连贯、文风相异等问题。

（4）注意保护知识产权

机密部分要略为简化，以防泄漏；可以要求收件人在一份保密协议上签字，也可在创业计划书中添加一段保密条款。

❀ 小案例

蔬菜种植创业计划书

名称：顺安种业（蔬菜基地）。

位置：江西省贵溪市。

发展背景：国家目前重视三农，农业政策好；就自身来说，自己对农业熟悉。

基地优势：位于平原地带河流边，土壤肥沃，灌溉方便，水源清洁；大田多，租金低；离贵溪不远，附近有冶炼厂；本地消费水平高，蔬菜价格高，市场大。

发展模式：以种植业为主，养殖业为辅；以蔬菜为主，水产养殖为辅；以常规蔬菜为主，特种蔬菜为辅；以大棚蔬菜为主，露天栽培为辅。前期自身发展，慢慢地带动乡亲发展，建立合作社，打造下滩蔬菜基地。

发展理念：以科学的思想为指导，以反季节蔬菜为优势，以绿色农业为导向，引进新品种，提高单位产量和品质。

不断提高机械化操作程度，向耕作机械化、灌溉机械化、育苗科学化、施肥科学化、喷药科学化迈进。

主要技术：土壤肥力以及 pH 值的测量。灌溉用水要无污染，取水要方便；大棚实行温湿度调节，有防虫网和二氧化碳发生器；镀锌管棚架，无滴膜；不同作物施行不同灌溉，西瓜等用滴灌。

此外，主要技术还有育苗和嫁接，品种的选择、采收、清洗（干净水，计划用井水）、包装等。

发展阶段：

第一阶段：13 亩镀锌管大棚蔬菜以及几亩露地蔬菜，总面积为10 000平方米左右。池塘1个，养鱼并为蔬菜基地提供灌溉用水。池塘靠近蔬菜基地，面积为700 多平方米。

第二阶段：时机成熟时，也许是在第二年，建立小型养猪场，为蔬菜基地提供肥料。发展几亩水系蔬菜，如水空心菜、慈姑、水池种藕等；发展水产养殖，主要产品有泥鳅、虾等。根据市场情况，引进一个品种，成立农村合作社，打造下滩及周边蔬菜基地。

第三阶段：发展“农家乐”。

行动规划：

首先：①选址及规划；②挖池塘；③耕地、晒土（本步骤已完成）。

其次：①选种，安排作物品种和时间；②购买镀锌管钢架、无滴膜、防虫网；③购买农机、微型耕作机、新型喷药设备、灌溉设备；④挖井（洗菜用）、肥料坑（腐熟农家肥）；⑤准备育苗室、空调（已有）、温湿度计、排风扇；⑥包装设备；⑦肥料和农药。

投资预算：土地租金1 500 元/年，年付；镀锌管（热镀锌）约8 000元/亩，总计110 000元；无滴膜10 000 元，防虫网 13 000 元；微耕机4 000元，政府补贴1 000 多元；化粪池3 000 元，静电喷雾器300 元，生物杀虫灯300 元；运输工具——小型货车及摩托车30 000 元之内；灌溉设施2 000 元；电脑已有；肥料和农药10 000 元；政府补助的资金充当流动资金。金额总计在185 000 元之内。以上为固定投资，一次性投入。每月开支有员工工资、生活费。员工工资年尾结算。

人员：共5 人。本人和合伙人以及员工3 人（两男一女）。员工日常种菜、采菜。本人负责技术、信息、市场以及管理，同时在菜地干活。

市场：零售以贵溪冶炼厂为主，批发以贵溪菜市场及各饭店（特色菜）为主。合伙人负责零售，本人负责配送批发。冶炼厂可以让我们一年挣10 多万元，贵溪市一年可以让我们挣50 万元，那么卖到更远的地方就能让我们挣更多的钱。等我们形成规模后，产品可以卖得更远。

运输工具：小型货车及摩托车。

销售技巧：与当地农民等种的蔬菜相比，我们的菜具有喷药少、灌溉水无污染、重金属少、清洗水干净、包装好、菜的色泽和新鲜度较好等优点。菜的品质优。

因此，我们必须采取差异化以及品牌化的销售模式。在差异化上，摆放以及包装、宣传等要做到不一样。传统农业是没有品牌的。经过多年的销售总结，我们发现品牌的作用非常重要。销售上必须注意信用，绝不能缺斤少两。只能多给，不能少给。

在宣传上，我们属于大学生创业，电视台和报纸可以免费给我们宣传。这种宣传比花钱的宣传作用更大，更有效果。

风险：养殖业的风险比种植业高，而蔬菜行业的风险低，主要是自然风险，如暴雨等。此外，蔬菜具有年生产 4 次以上的特点，因此即使有风险也不是次次都有。一般农民种 7 亩露地蔬菜，一年能挣七八万元。露地蔬菜比大棚蔬菜的风险更大。大在哪？虫害以及干旱。我们采用的是生物杀虫灯以及防虫网双层防虫，几乎没有虫害。传统的种植是挑水浇菜，费时、费力且不科学，而我们采取的是科学的方法，可以随时浇灌，故在干旱时也没有多少风险。

收入预计：13 亩大棚，每亩一年最少能产生 1 万元以上的收益；加上露地，一年的收益在 15 万元左右。这是保守估计，不是随意空想。

蔬菜品种：常规蔬菜可分为白菜类、甘蓝类、根菜类、绿叶菜类、葱蒜类、茄果类、豆类、瓜类、薯芋类、水生蔬菜、多年生蔬菜、野生蔬菜、食用菌类等。

按食用器官可分为：根类、叶类、茎类、花菜、果菜等。

特种蔬菜：荠菜、樱桃番茄、黑美丽西葫芦、水芹、水果黄瓜、砍瓜等。

资料来源　MBA 中国网，http：//www.mbachina.com/html/management/36950.html，2010-01-15。

4. 创业计划书的评价

创业计划书的评价，一般有第一方、第二方以及第三方评价。第一方为创业者，主要判定所制订的创业计划是否具有吸引力或实施操作性。第二方为资源提供方，包括风险投资者、一般投资人以及管理者、员工等。第三方为独力于计划制订及使用方的咨询机构，受托对创业计划进行公正的评价。

（1）评价要求

一份成功的创业计划应该能够简洁、清晰地展示市场容量；优秀的创业团队，了解顾客群、顾客的需求，能够解释他们为什么会掏腰包购买我们的产品（服务）；并要有一个投资退出策略。相反，过分乐观预测的数据与产业标准相差甚远、忽视竞争风险、没有过细的市场调查、进入的市场已饱和等因素，会形成一份失败的创业计划书。

对创业计划书的评价要求一般包括以下几个方面：

①创业计划报告完整、全面；

②方案切合实际，具有可操作性；

③技术含量高或具备创新性；

④经济效益好，风险评估得当；

⑤资金筹措方案合理、可行；

⑥产品（服务）新颖，市场前景广阔；

⑦顾客群分析合理，营销策略好。

（2）评价内容及标准

①概述（约占10%篇幅）：内容清晰、简洁，重点突出，具有吸引力。

②新创企业（约占5%篇幅）：明确阐述创业目的、企业的性质、企业的背景及现状、创业理念及企业的战略目标、企业不同时期的发展目标。

③产品（服务）（约占10%篇幅）：描述产品（服务）的基本性能、特征，以及产品的商业价值、技术含量、创新性、发展阶段、所有权状况。

④市场分析与营销策略（约占10%篇幅）：包括市场描述、竞争分析、市场细分、市场定位、产品定价、营销渠道、促销方式、顾客群等。

⑤经营计划（约占10%篇幅）：包括产品生产（服务）计划、产品的成本和毛利、经营难度及所需要的资源。

⑥管理团队（约占10%篇幅）：包括关键人物背景、组织结构、角色分配、管理团队实施战略的能力等。

⑦财务分析（约占10%篇幅）：财务报表清晰明了，与计划的实施同步，内容包括相应时间段的资产负债表、利润表、现金流量表等。

⑧融资回报（约占10%篇幅）：以条款方式提供所需投融资方式、利益分配方式以及可能的退出战略。

⑨可操作性（约占20%篇幅）：一是市场机会（1/5），明确市场需要及适合的满足方式；二是竞争优势（1/5），企业拥有的独特的核心能力以及获取持续竞争优势的能力；三是管理能力（1/5），管理团队能够

有效地发展企业，并合理规避投资风险；四是财务（1/5），企业发展业务具有明确的财务需求；五是投资潜力（1/5），创业项目具有真正的实际投资价值。

⑩创业计划写作（约占5%篇幅）：计划要简洁、清晰，约40页。

第四章　广开渠道筹资金

❀ 引例

银行小额贷款助小企业大发展

张志强是某城市郊区乡镇居民。1999 年，其夫妻俩因工作的那家乡镇企业破产而失去了工作。张志强陷入沉思，夫妻都失业了，儿子正在读书，将来的生活怎么办？面对逆境，他没有怨天尤人，而是开始了起早摸黑地工作。他炒过豆沙、卖过冰棍、送过牛奶、送过啤酒，深深体会到生活的艰辛。他在有了一定的积蓄后又有了新的打算，可是资金的短缺又让他陷入困境。正当他一筹莫展时，政府出台了一系列再就业优惠政策。2003 年张志强根据这个政策到银行领取了 2 万元下岗失业人员小额担保贷款。贷款到位后，在各方的支持下，他于 2004 年在当地街道办起了小超市。通过艰辛的努力，经营逐步进入良性循环，超市有了明显的经济效益。创办超市积累了一定的资金后，他又租下了一个门面开办了一个小型食品加工厂。生意越做越大，于 2005 年底贷款到期之前提前偿还了贷款本息。2008 年张志强和他妻子一起重新办理了一笔 5 万元小额担保贷款，在另一街道办起了一个更大的超市，聘用下岗人员 16 人，在银行的资助下，生意越做越大。

资料来源　融资通网，http：//www. rztong. com. cn/shownews_ 62644. htm，2010-06-23。

通过引例中张志强的创业历程，我们应该能够体会到筹集资金的重要性。张志强正是因为成功地筹集到了资金，才得以从一个下岗工人成为了小企业家。资金的融入可以使得企业或个人摆脱自有资金不足的限制，甚至可以使企业起死回生。在拥有一定量自有资金的情况下，融资可以扩大规模，为企业和社会创造更多的财富。

一、怎样认识融资

1. 什么是融资

筹集资金比较正式的说法叫融资，就是融通资金。从狭义上讲，融资即是一个企业筹集资金的行为与过程，也就是企业根据自身的生产经营状况、资金拥有的状况，以及未来经营发展的需要，通过科学地预测和决策，采用一定的方式，通过一定的渠道向投资者和债权人筹集资金，组织资金的供应，以保证企业正常生产、满足经营管理活动需要的经济行为。企业筹集资金的主要目的是：企业要开张、企业要扩张、企业要还债以及混合动机（扩张与还债混合在一起的动机）。

从广义上讲，融资指资本在持有人之间的流动，是一种以余补缺的经济行为。它是资本双向互动过程，不仅包括资本的融入（来源），也包括资本的融出（运用）。

融资是要付出代价的，即会产生融资成本。融资成本是资金所有权与资金使用权分离的产物，融资成本的实质是资金使用者支付给资金所有者的报酬。由于企业融资是一种市场交易行为，有交易就会有交易费用，资金使用者为了能够获得资金使用权，就必须支付相关的费用。如委托金融机构代理发行股票、债券而支付的注册费和代理费，向银行借款支付的手续费和利息等。企业融资成本包括两部分，即融资费用和资金使用费。

融资也会带来风险。融资风险是指企业使用债务因资本收益率和借款利率不确定而产生亏损的风险。其主要表现为企业不能付息、不能按期偿还债务等风险。

2. 融资的功能

融资的功能可分为两个层次。从宏观层次来看，融资促使社会资金以最低的成本流向最需要的地方，流向经济效益最高的地方，它是促进社会资源优化配置的主要机制之一。同时，融资还可以使优势企业通过金融市场获得发展所需的资金，突破自我积累能力的限制，在较短的时期内形成较大的生产规模，从而提高整个社会的经济效益。

从微观层次来看，融资的功能是双重的：一方面，有利于拥有闲置资金并意欲融出资金的企业或个人通过资金的融出获取一定的收益，提高资金使用效率；另一方面，对融入资金的企业和个人而言，资金的融入使得企业在经营规模上摆脱了自有资金不足的限制，在一定自有资金的情况下，可以扩大生产规模，为企业创造更多的财富。

3. 融资的种类

企业通过不同的渠道、使用不同的融资方式筹集到的资金，依据具体的来源、方式、期限不同，形成不同的融资类型。

（1）按资金来源，融资可分为内部融资和外部融资

①内部融资，也叫内源融资，是指公司通过内部融通资金的活动，这部分资金主要包括利润、出售资产收入、减少的流动资本量、延期付款、应收账款等。内部融资对企业的资本形成具有原始性、自主性、低成本和抗风险的特点，是企业生存与发展不可或缺的重要组成部分。

②外部融资，也叫外源融资，是指企业通过一定方式向企业之外的法人、组织及个人等筹集资金的活动。外部融资主要包括银行的贷款、企业发行的股票和债券等。企业随着生产规模的扩大，单纯依靠内部融资已很难满足资金需求，外部融资已逐渐成为企业获得资金的重要方式。外部融资大多需要花费筹资费用。

（2）按是否以金融机构为媒介，融资可分为直接融资和间接融资

①直接融资，是指企业不经过银行等金融机构，而直接与资本供应者协商借贷或直接发行股票、债券等筹集资本的活动。直接融资具有直接性、长期性、不可逆性、流通性等特点。

②间接融资，是指企业借助银行等金融机构而进行的融资活动。间接融资具有与直接融资截然相反的特性，即间接性、短期性、可逆性及非流通性。

（3）按不同的融资方式，融资可分为债务融资和权益融资

①债务融资，是一种包含了利息支付的融资方式。一般而言，债务融资（也称为以资产为基础的融资）需要一些资产（如房屋、工厂、机器设备、土地、汽车等）作为抵押物，才能获得贷款。债务融资一般采用向银行借款、发行债券、租赁等筹资方式。

②权益融资，也称为股权融资，它不需要抵押，是企业提供给投资者一种形式上的所有权地位的融资方式。投资者根据拥有资产的份额而分享投资利润和其他收益。权益融资一般采用吸收直接投资、发行股票、吸收风险资本等筹资方式。

（4）按不同期限，融资可分为长期融资和短期融资

①长期融资，是指筹集使用期限在一年以上的资本的活动，通常包括各种股权资本和长期借款等。

②短期融资，是指筹集使用期限在一年以内的资本的活动，一般包括短期借款、应付账款和应付票据等。

4. 资本结构决策

资本结构是指企业各种资本的价值构成及其比例关系。在企业融资管

理过程中，资本结构有广义和狭义之分。广义的资本结构是指企业全部资本价值构成及其比例关系，它不仅包括长期资本，还包括短期资本，主要是短期债权资本。狭义的资本结构是指企业各种长期资本价值的构成及其比例关系，尤其是指长期的股权资本和债权资本的构成及其比例关系。在狭义的资本结构中，短期债权资本作为营运资本管理。

（1）资本结构的种类

企业的资本结构主要有两大类型：①资本的属性结构，它是指企业由股权资本和债权资本所构成的比例关系，有时又称为搭配资本结构或杠杆资本结构，其搭配比例或杠杆比例通常用债权资本的比例来表示；②资本的期限结构，它是指企业的长期资本和短期资本的比例关系。

（2）资本结构的决策方法

企业资本结构决策就是要确定最佳资本结构。所谓最佳资本结构就是指企业在适度财务风险的条件下，使预期的综合资本成本率最低，同时使企业价值最大的资本结构。确定企业的最佳资本结构，可以采用资本成本比较法。

二、怎样测算新创企业的资本需求

1. 融资的基本原则

（1）效益性原则

企业融资与企业投资在效益上要相互权衡。企业投资是决定企业是否融资的重要因素，投资收益与资本成本相比较，决定着是否要追加筹资；而一旦采纳某投资项目，其投资数量就决定了融资数量。因此，企业在融资中，需要在充分考虑投资效益的前提下，综合研究各种筹资方式，寻求最优的融资组合以降低资本成本。

（2）合理性原则

企业对资金的需求是不断变化的，为此创业者应根据创业计划，结合企业发展阶段，运用相应的财务手段合理预测资金需求量。同时，不同来源的资本，对企业的收益和成本有不同的影响，因此，创业者应该合理确定资本结构，主要包括合理确定股权资本与债权资本的结构，合理确定长期资本与短期资本的结构。

（3）及时性原则

企业融资必须根据企业资本投放时间安排予以划拨，即确定取得资本来源，使融资与投资在实践上相协调，避免因资金筹集不足而影响生产经营的正常进行，防止资金筹集过多、资金闲置而造成资金使用成本上升。

(4) 合法性原则

由于企业的融资活动影响着社会资本及资源的流向和流量，涉及相关主体的经济权益，因此，企业必须遵守国家有关法律法规，依法履行约定的责任，维护利益相关主体的权益，避免非法融资行为。

2. 融资中应注意的事项

创业者在融资前可以先考虑一些必要的问题，以便为最终融资决策提供重要依据。

(1) 什么时候需要钱

创办企业当然需要资本，但不能因为“需要钱”而使自己的思路混乱，首先应该考虑融资后投资收益状况。因为融资需要付出成本，既有资本的利息，也有昂贵的融资费用和不确定的风险成本。因此，只有在严谨论证自己的创意之后，确信利用筹集的资本所预期的总收益大于融资总成本，然后才有必要考虑融资，争取做到把钱用在最需要的地方。

(2) 需要多少钱

由于资本的筹集与使用都有成本，因此，企业筹集的资本并非多多益善。事实上，多余的资本只会让新创企业盲目扩张，而这种超出自身运作能力的扩张既不能保证企业自身盈利目标的完成，也不能实现股东预期的回报，最为可怕的是会让没有市场经验的新创企业迷失方向甚至中途失败，因此，创业者在融资时应该量力而行，避免“圈钱”。

(3) 需要什么样的钱

对于新创企业及成长型企业来说，选择哪种融资方式有着重要意义，因为不同的融资方式具有不同的资本成本。一般来说，融资方式不外乎股权融资和债务融资两种。除了创业投资外，股权融资主要表现为上市融资。相对于债务融资而言，其风险大，还需要承担一定的发行费用，似乎成本较高。但企业融资还包括机会成本，从目前我国的情况来看，企业通过银行贷款所花费的机会成本是很高的。

(4) 是否愿意让投资者了解企业的秘密

无论以哪种方式融资，资本的提供者大都需要依据相应的条款、制度、手续而了解企业和企业主。以债务融资为例，无论是银行贷款还是担保公司进行担保，提供资本的一方会要求企业提供清晰透明的财务管理资料，并反复审查。很多投资机构不投资的原因是融资者无法公开企业的秘密，或者隐瞒，或者造假。以股权融资的创业投资为例，创业投资者往往还需要了解创业者（企业家）的个人秘密，包括信用状况、个人能力等，以确保一旦投资后，创业者（企业家）能够有足够的能力使资本升值。因此，创业者应该学会识别交易中不可接受的条款和条件，并使用相应的措施保护个人和企业财务报表的机密。

（5）如何看待自己的企业

投资者在考虑是否投资时，往往要看融资者对自己公司的态度，究竟是像对待孩子一样爱惜自己的企业，还是抱着“养大了卖钱”的心理。在前一种思想支配下，融资者是为了自己的企业健康成长，会尽力将企业搞好，并且会在企业面临困难时，像对待孩子一样千方百计抢救。而在后一种思想支配下，融资者是为了以后卖掉企业大赚一笔，因而可能为了将企业“养大养壮”而不择手段，做出“败德”举动，这是投资者最为担心的事情。

3. 资本需求量的测算

每一个创业者在融资前都需要明确资本的需求量。换言之，资本需求量的测算是融资的基础。一般来说，在企业成立的最初5年中，要确切知道企业到底需要多少资本是不大现实的，因而一些创业者往往是根据同行的经验或主观判断进行资本需求量的最低限额估算。实际上，如果创业者掌握一些基本的财务知识，将财务与创业计划、企业发展战略结合起来，对企业资本需求量进行实际可行的估算还是有可能的。如果创业者是独资经营，那么所有预算决策就将由自己全权负责；如果是合作经营或拥有财务、销售、生产等方面的专职人员，则可以首先通过专职人员准备财务数据，然后由创业者决定资本需求量。

（1）预估销售收入、销售成本、销售费用、利润

对于新创企业来说，预估销售收入是制订财务计划与预估财务报表的第一步。为此，需要立足于市场研究、行业销售状况以及试销经验，利用购买动机调查、推销人员意见综合、专家咨询、时间序列分析等多种预测技巧，按月估计前5年的销售收入。之后，要对销售成本、销售费用以及一般费用和管理费用等进行估计。由于新创企业起步阶段在市场上默默无闻，市场推广成本相当大，销售收入与推动销售收入增长所付出的成本不可能成比例增加，因此，对于第1年的全部经营费用都要按月估计，每一笔支出都不可遗漏。在预估第2年及第3年的经营成本时，首先应该关注那些长期保持稳定的支出，如果第2、3年销售量的预估是比较明确的话，则可以根据销售百分比法，即根据预估净销售量按固定百分比计算折旧、库存、租金、保险费、利息等项目的数值。

在完成上述项目的预估后，就可以按月预估出税前利润、税后利润、净利润以及第 1 年利润表的内容，然后就进入预估财务报表的过程。

（2）预估财务报表

新创企业可以采用销售百分比法预估财务报表。这一方法的优点是，能够比较便捷地预测相关项目在销售额中所占的比率，预测出相关项目的资本需求量。但是，由于相关项目在销售额中所占的比率往往随着市场状况、企业管理等因素发生变化，因此，必须根据实际情况及时调整有关比率，否则会对企业经营造成负面影响。

①预估利润表。

预估利润表是应用销售百分比法的原理来预测留存利润的一种报表。通过提供预估利润表，可以预测留存利润这种内部筹资方式的数额，也可以为预估资产负债表预测外部筹资提供依据。用销售百分比法制定计划年度的利润表，并据此获得相关项目的资本需求量，具体应该采取以下三个步骤：

第一步，根据基年预估利润表的资料，确定相关项目在销售收入中所占的百分比。

第二步，对计划年度的销售收入做出预测，并用基年相关项目在销售收入中所占的百分比预测相关项目的资本需求量，并编制计划年度利润表。

第三步，利用预计的比率，测算出计划年度的留存利润数额。

②预估资产负债表。

预估资产负债表是应用销售百分比法的原则预测外部融资额的一种报表。通过预估资产负债表，可以预测资产和负债及留存利润有关项目的数额，进而预测企业需要外部融资的数额。

应用销售百分比法要选定与销售有基本不变比率关系的项目，这种项目称为敏感项目。敏感资产项目一般包括库存现金、应付账款、银行存款等项目；敏感负债项目一般应包括应付账款、应付费用等项目。留存利润不宜列为敏感项目，因为它受企业所得税税率和分配政策的影响。预估资产债表的编制过程如下：

第一步，取得基年资产负债表资料，并计算其敏感项目与销售收入的百分比。

第二步，用计划年度预计销售收入乘以第一步所计算出来的百分比，求得敏感项目金额。

第三步，确定计划年度留存利润增加额及资产负债表中的留存利润累计额。留存利润增加额可根据利润额、所得税税率和留存利润比例来确定。

第四步，加总预估资产负债表的两方，如果负债及所有者权益的总额小于资产总额，则差额既是使资产负债表的两方相等的平衡数，也是需要增加的外部融资数额。与利润表不同的是，尽管企业每一笔经营业务都影响资产负债表，但考虑到时间、成本和必要性，资产负债表通常是按照一定的时间间隔分期（如季度、年度等）编制的。

③预估现金流量表。

大量事实证明，现金流量是新创企业面临的主要问题之一。一个可以盈利的企业也会因为现金的短缺而破产，因此，对于新创企业来说，逐月预估现金流量是非常重要的。

预估现金流量表中的数据来自预估利润表，但要根据现金可能变化的时间进行适当的调整。假设某企业估计每月收入的60%是用现金支付的，剩下的40%将延期1个月收款，则本月的现金收入包括60%的月销售收入和40%的上月销售收入。如果在某个时间出现现金支出大于现金流入，创业者就需要借入现金，或保证银行账户中有足够的现金，以冲销多出的支付额。任何时候出现的现金流，都可以进行短期投资或存入银行，以防将来出现现金入不敷出的情况。

与预估利润表一样，如何精确地算出现金流量表中的项目是一个难题。为此，在预估财务报表时需要假设各种情况，比如最乐观的估计、最悲观的估计及现实情况估计。这样的预测既有助于潜在投资者更好地了解创业者如何应对不同的环境，也能使创业者熟悉经营的各种因素，防止企业陷入可能的灾难。

(3) 结合企业发展规划预测融资需求量

上述财务指标及报表的预估是创业者必须了解的财务知识，即使企业有专门的财务人员，创业者也应该大致掌握这些方法。需要指出的是，融资需求量的确定不是简单的财务测算问题，而是一个对现实与未来进行综合考虑的决策过程，需要在财务数据的基础上，全面考察企业经营环境、市场状况、创业计划及内外资源条件等因素。

三、怎样选择融资渠道和方式

❀ 小案例

某农村小型民营医院的融资分析

某农村小型民营医院的创始人对该医院的技术优势和未来发展前景抱

有很大的信心，因而决定在原医院附近不太远的地方租赁一块较大的土地，希望可以将原医院改建成一家面积更大、设施更完善的新医院，以提高医院的综合实力。但由于自身资金有限，面临较大的资金缺口，所以他们首先想到了融资。考虑到现在有多种多样的融资渠道，他们又在融资渠道的选择方面有着一些疑惑，因而找来一位资深的融资业务咨询专家帮他们分析几种融资渠道的可行性。

该专家详细分析了该小型民营医院主要的优劣势以及主要的机会和外部威胁，并对创始人灌输了如下三个概念：一是合理地利用外部融资对公司的发展壮大和盈利水平的提高是大有好处的；二是企业在不同的阶段有不同的适合的融资方式，适合的才是最好的；三是天下没有免费的午餐，不同融资方式各有利弊，没有优劣之分，只有仔细权衡才对。

针对公司的实际情况，咨询专家认为依据公司目前的实力获取银行贷款的可能性基本不存在，比较现实的融资方式是考虑吸收风险投资、吸引合伙人入股、民间借贷等方式，待公司通过改善经营管理水平和壮大自身综合实力后再通过银行贷款方式谋取更大的发展机会。

吸收风险投资：针对医疗和医院行业的风险投资基金相对较少，目前又没有这方面的资源，找寻难度较大，而且，编写一个能吸引风险投资基金的可行性研究报告的要求较高，对他们而言是个比较大的挑战。此外，风险投资基金如果同意投资，一般会要求占有一定比例的股份，这将稀释创业人对医院的控制权，但与此同时风险投资基金也会给公司带来先进的管理技术，对医院而言，把蛋糕做大再分蛋糕其实是更明智的选择。而且比较核心的技术掌握在自己手中，未来无论面临什么问题，话语权和选择余地还是较大的。

吸引合伙人入股：这种方式同样有较大的挑战。因为医院目前掌握的核心竞争优势即医术，存在外部无法认知的难题，能够同意投资入股的只可能是医疗行业的而且对这个科目比较熟悉的朋友，并且还要对双方下一步的合作前景比较有信心才行。稀释控制权问题同样存在，但能否提升管理水平需看情况而定。

民间借贷：该医院近几年赚取的利润全部在个人财产名下，通过抵押贷款方式可以获得一定的资金投入医院建设，但仍然存在一定的资金缺口。如果缺口不是太大的话，可以考虑用民间借贷的方式解决。亲戚、朋友借款是首选。精细筹划，合理借贷是不错的选择，但存在信用问题和经营预期出现困难后可能的亲情破坏问题。其他民间投资渠道还有很多，但要有较好的分辨能力，避免陷入高利贷和粘上黑社会的可能。

资料来源 中证网/中国股权分置改革网，http://www.cs.com.cn/cqzk/07/200703/t20070330_1076003.htm，2007-03-30。

从上面的小案例可以看出，企业可以选择的融资渠道和融资方式有很多种，需要充分分析自身的优劣势以及机会与风险，从而选择适合的融资渠道和融资方式。

1. 融资渠道

所谓融资渠道，是指筹措资金来源的方向与通道，体现着资金的源泉和流量。目前我国企业融资渠道主要有以下几种：

（1）国家财政资金

国家财政资金分为以下三种形式：

①无偿拨款。国家和各地政府为了鼓励创业，推出了各种支持创业的政府无偿资助基金，主要用于中小企业创立过程中的研究开发和必要补助，以及科研人员携带科技成果创业、企业进行成果转化的补助。

②贷款贴息。对已有一定水平、规模和效益的创新项目，采取贴息方式支持其使用银行贷款，以扩大生产规模。由于有政府的贴息担保，银行也愿意给企业贷款。

③资本金（股本金）投入。对于具有较高创新水平并有后续创新潜力、预计投产后具有较大市场需求、有望形成新兴产业的项目，可采取资本金的投入方式。资本金投入以引导其他资本投入为主要目的，数额一般不超过企业注册资本的30%，原则上可以转让，或者采取合作经营的方式在规定的期限内收回投资。

（2）银行信贷资金

我国银行分为商业性银行和政策性银行两种。商业性银行是以盈利为目的的从事信贷资金投放的金融机构，它主要为企业提供各种商业性贷款。政策性银行为特定企业提供政策性贷款。当创业企业有可抵押品时，通过银行信贷可以向银行申请贷款。银行评估审核企业贷款项目时，通常会考虑以下几个因素：贷款人品质、偿还能力、资本结构、担保物、经营条件及事业的连续性。新创企业可按照这些要求向银行提交创业计划和贷款申请。

❊ 小资料

银监会支持商业银行改进小企业金融服务

2011年6月7日，银监会在官网上公告，已印发《关于支持商业银行进一步改进小企业金融服务的通知》，出台适当提高小企业不良贷款比率容忍度、鼓励发行小企业金融债等十大措施，业内称之为“银十条”。“银十条”包括：通过缩短贷款审批流程、对小企业不良贷款比率实行差异化考核、提高小企业不良贷款率容忍度等方式，降低中小企业贷款门槛。这为单户500万元（含）以下的小企业贷款“松绑”。

资料来源　天下浙商网，http：//www. zjsr. com。

(3) 非银行金融机构资金

非银行金融机构主要指信托投资公司、保险公司、租赁公司、证券公司、企业集团所属的财务公司等。它们所提供的各种金融服务，既包括信贷资金投放，也包括物资的融通，还包括为企业承销证券。这些金融服务是银行信贷资金的补充，可以为一些企业直接提供部分资金或为企业筹资提供服务。这种融资渠道的财力比银行要小，但具有广阔的发展前景。

(4) 其他法人单位资金

其他法人单位主要包括企业法人单位和社会法人单位。这些单位为提高资金收益率或其他目的而将部分暂时闲置的资金用于对新创企业进行投资。

(5) 民间个人资金

企业职工和城乡居民个人的节余货币，作为“游离”于银行及非银行金融机构之外的个人资金，可用于对新创企业进行股权或债权投资，形成民间资金来源。其中，亲属、朋友的资金是创业者比较容易获取的资金。随着人民生活水平的不断提高和投资意识的增强，民间资金将会成为新创企业筹资的一大来源。

(6) 创业者的自有资金

与来自外部的资金相比，自有资金（包括现金、股票、债券、车子、房子及其他财产）有两个突出的优势：①避免从企业外部寻找投资者而占用创业者大量的精力、时间，并要花费相应的费用；②避免一味地遵循投资者的标准而降低创业者构建新企业时的主动性和灵活性。由于债权融资的利率较高，股权融资往往会造成股东权益分散等问题，因而对于新创企业的启动阶段而言，企业自有资金就显得格外重要。

(7) 境外资金

它是指来自外国投资者以及我国香港、澳门、台湾地区投资者的资金。对于新创企业而言，可用的境外资金主要是来自创业投资机构（如基金）。此外，也可以采取进口物资延期付款、补偿贸易、国际租赁、在国外发行股票、债券等方式筹集资金。

❀ 小案例

饭店员工的奖金变成了企业吸收的直接投资

王某是四川某市一家农民饭店——花园饭店的经理。该饭店是花园村村民集资200万元创办的。王某接手饭店后，打破铁饭碗，建立完整的责任制，把职工的固定工资改为半浮动形式，按工种、楼面、厅、定床位率、职责、收入、费用等计算工资，确定超额奖、节约奖、卫生奖等，以此调动职工的积极性。几年下来，饭店赚了钱，积累了一笔可观的利润。但此时，花园饭店正面临与周围数家大饭店的激烈竞争。于是，王某对职工说："我们店只有走改造之路，才能在竞争中不被淘汰。改造设备需要资金。我们是农民饭店，不像那些国有饭店，有国家撑腰。为了我们的饭店和大伙的前途，我建议，今年的奖金不分了，用做改造设备资金。" 按合同承包，分得最多的是经理本人，经理自己提出不拿奖金，大家也都不好意思分奖金了。王某用这高明的一招，把本应分给职工的奖金全变成了集资款，迅速实现了改造原有设备的计划，使饭店的规格和形象都提高了一个档次。后来，当用借款盖成的几层楼的饭店开始运营时，由于没有空调，利润平平。这时，王某果断地在职工中又一次集资100多万元，为饭店安装了最先进的中央空调。由此，饭店终于摆脱了困境，第二年便盈利81万元。

目前有一些民营企业主不愿吸收直接投资，他们顾及的是：

（1）吸收直接投资支付的资金成本较高。由于投资者要分享企业收益，因此，资金成本通常较高，特别是企业经营状况好和盈利较强时更是如此。

（2）吸收直接投资容易分散企业的控制权。采用吸收直接投资的方式筹集资金，投资者一般都会要求获得与投资数量相适应的经营管理权，这是接受外来投资的代价之一。如果外来投资较多，则投资者会有相当大的管理权，甚至会对企业实行完全控制，这是吸收直接投资的不利因素。

资料来源 《适用于中小企业的融资方式》，载中国养殖网，2011-07-20。

2. 融资方式

所谓融资方式，是指企业筹集资金所采取的具体形式和工具，其体现了资本的属性（股权或债权）和期限。目前，我国新创企业可以使用的融资方式有以下几种：

(1) 吸收直接投资

它是指企业按照“共同投资、共同经营、共担风险、共享利润”的原则吸收政府、法人、个人和外商等资金的融资方式。直接投资中的出资者都是企业的所有人，出资方式主要包括现金出资、实物出资、知识产权出资、场地出资等。

(2) 发行股票

它是指企业通过发行股票这种有价证券来筹集资金的方式。股票持有人即为股东，按投资的资本额度享受所有者的资产收益并参与公司的重大决策。股票按股东权利和义务可分为普通股和优先股。普通股是公司发行的，代表着股东享有平等的权利、义务，不加特别限制，股利不固定的股票；优先股是公司发行的优先于普通股股东分取股利和公司剩余财产的股票。

(3) 银行借款

它是指企业按照借款合同从银行等金融机构借入资金的一种筹资方式。借款按不同期限可分为短期借款和长期借款，按不同币种可分为人民币借款和外币借款等。

(4) 发行债券

它是指企业发行向债权人定期支付利息和到期偿还本金的债券以筹集资金的方式。按其还本期限不同，可分为短期债券和长期债券两种。与银行借款相比，它可以向企事业单位、社会团体和民间发行，可以把资金划分为较小的计价单位，如 100 元、500 元、1 000 元等不同票面价值的债券，并可以在金融市场上流通转让。

(5) 商业信用

它是指企业在商品购销活动中因延期付款和预收货款所发生的借贷关系。延期付款（如应付账款和应付票据）同预收货款都是在商品交易中因取货与付款在时间上的差异而产生的信用行为，从而为企业提供了筹集短期资金的机会。

(6) 企业内部形成的资金

它是指企业在生产经营活动中内部自动形成的资金。主要有企业留存收益。

(7) 典当融资

它是指以实物为抵押，以实物所有权转移的形式取得临时性贷款的一种融资方式。与银行借款相比，典当融资成本高、借款规模小，但典当也有银行借款所不具有的优势，即典当行不问贷款的用途，资金使用起来十分自由。

❀ 小资料

重庆市推出了农村金融服务新政策

为进一步贯彻落实国发［2009］3号文件精神，加快推进国家统筹城乡综合配套改革试验区建设，促进“两翼”农户万元增收工程顺利实施，重庆市市政府近日出台了《重庆市人民政府关于加快推进农村金融服务改革创新的意见》（以下简称《意见》），并召开电视电话会议动员部署全市农村金融服务改革创新工作。

《意见》明确了我市农村金融服务改革创新工作目标，即全面推进以农村土地承包经营权、农村居民房屋产权和林权等产权抵押融资为核心的创新农村金融制度，以发展新型农村金融机构为重点创新完善农村金融组织体系，以推动农村信贷资产和权益流转、建立农村金融风险分担机制为中心创新农村金融服务配套支撑体系等，为我市农村经济社会发展提供全方位的金融支持。

资料来源 重庆金融网，http：//www. cwf. gov. cn/art/2010/11/25/art_64_539. html，2010-11-25。

（8）融资租赁

它是指企业按照租赁合同租入资产而筹集资金的方式。对于新创企业而言，租赁是一种很有效率的融资方式。融资租赁的程序一般包括以下七个步骤：

①选择租赁公司。企业决定采用租赁方式取得某项设备时，首先需要了解各家租赁公司的经营范围、业务能力、资信情况以及与其他金融机构，如银行的关系，并取得租赁公司的融资条件和租赁费率等资料，加以分析比较，从中选择合适的租赁公司。

②办理租赁委托。企业选定租赁公司后，便可向其提出申请，办理委托。这时，承租企业需要填写“租赁申请书”，说明所需设备的具体要求，同时还要向租赁公司提供财务状况文件，包括资产负债表、利润表和现金流量表等资料。

③签订购货协议。由承租企业与租赁公司的一方或双方合作组织选定设备供应厂商，并与其进行技术和商务谈判，在此基础上签订购货协议。

④签订租赁合同。承租合同由承租企业与租赁公司签订。它是租赁业

务的重要文件，具有法律效力。融资租赁合同的内容可分为一般条款和特殊条款两部分。

⑤办理验货、付款与保险。承租企业按购货协议收到租赁设备时，要进行验收，验收后签发交货及验收证书，并提交租赁公司，租赁公司据以向供应厂商支付设备价款。同时，承租企业向保险公司办理投保事宜。

⑥支付租金。承租企业在租期内按合同规定的租金数额、支付方式等，向租赁公司支付租金。

⑦合同期满处理设备。融资租赁合同期满时，承租企业根据合同约定，对设备采取退租、续租或留购等处理方式。

❀ **小案例**

一个小型加工厂的融资租赁

王老板经营着一家小型的瓶子加工厂。他于两年前租赁了一条价值80万元的汽水瓶子生产线，每年需交租金20万元。两年后市场发生了很大的变化，消费者对易拉罐装的汽水需求量大幅增加，而汽水瓶子需求量大幅下降。如果王老板此前不是采用租赁，而是借钱买下汽水瓶子生产线，那么他不得不再购进一条易拉罐生产线，而原来购进的瓶子生产线就得闲置。这样，王老板将遭受巨大的损失。但是，由于他采用的是融资租赁，他可停止租赁，而按合同规定，只需付违约金10万元。这样，他的损失就要小得多。当年他又租赁了一条价值140万元的易拉罐生产线，以适应市场的需要。

上例中的王老板显然是从租赁中得到了好处。一般而言，融资租赁对小企业有以下几点好处：

(1) 通过租赁，企业不必支付很高的设备款项，而只需支付很低的租金就能获得某项资产的使用权。

(2) 由于市场竞争激烈，机器设备及产品更新换代快，更新周期日益缩短，一旦产品及设备更新换代，而原有的机器设备的价值又还没有完全收回，企业就要遭受重大的损失。因而，小企业采用租赁方式获得机器设备比购买机器设备等资产要主动、灵活得多。

(3) 刚刚创办的小企业，资金十分短缺，而且借钱也很难，这时，每一件设备都由企业自己购买可能并不划算，并且难以办到。此时，融资租赁是一个很好的选择。

(4) 融资租赁有避税的作用。根据我国财务制度的规定，租金作为费用在所得税之前可以扣除，从而能享受税收上的优惠。

租赁融资的缺点如下：

(1) 租金较高，租金总额往往要超出设备买价许多。在承租企业财务困难时期，固定的租金支付也会构成一项沉重的负担。

(2) 难以改良资产。未经出租人同意，承租人不得随意改良设备。

资料来源 中国养殖网，http://www.chinabreed.com/manage/financial/2011/07/20110720457108.shtml，2011-07-20。

3. 融资渠道和方式的选择策略

(1) 先内部融资后外部融资

企业融资的首选是企业的内部资金，主要是指企业留存的税后利润，在内部融资不足时，再进行外部融资。而在外部融资时，先选择低风险类型的债务融资，后选择发行股票。采用这种顺序选择融资方式的原因有以下三点：①内部融资成本相对较低、风险最小、使用灵活自主。②负债比率尤其是高风险债务比率的提高会加大企业的财务风险和破产风险。③企业的股权融资易导致资金使用效率降低。一些公司将筹集的股权资金投向自身并不熟悉且投资收益率并不高的项目，有的上市公司甚至随意改变其招股说明书上的资金用途，并且不能保证改变用途后的资金的获利能力。

(2) 根据实际情况选择合适的融资方式

企业应根据自身的经营及财务状况，并考虑宏观经济政策的变化等情况，选择较为合适的融资方式。主要考虑以下影响因素：

①经济环境的变化状况。经济环境是指企业进行财务活动的宏观经济状况，在经济增速较快时期，企业为了跟上经济增长的速度，需要筹集资金用于增加固定资产、存货、人员等，企业一般可通过增发股票、发行债券或向银行借款等融资方式获得所需资金，在经济增速开始放缓时，企业对资金的需求降低，一般应逐渐收缩债务融资规模，尽量少用债务融资方式。

②融资方式的资金成本。资金成本是指企业为筹集和使用资金而付出的代价。融资成本越低，融资收益越高。由于不同融资方式具有不同的资金成本，为了以较低的融资成本取得所需资金，企业自然应分析和比较各种融资方式资金成本的高低，尽量选择资金成本低的融资方式及融资组合。

③融资方式的风险。不同融资方式的风险各不相同。一般而言，债务融资方式因其必须定期还本付息，因此，可能产生不能偿付的风险，融资

风险较大。而股权融资方式由于不存在还本付息的风险，因而融资风险较小。企业若采用了债务融资方式，由于财务杠杆的作用，一旦企业的息税前利润下降，税后利润及每股收益会下降得更快，从而给企业带来财务风险，甚至可能导致企业破产。

④企业的盈利能力及发展前景。在企业的投资利润率大于债务资金利息率的情况下，负债越多，企业的净资产收益率就越高，对企业发展及权益资本所有者就越有利。因此，当企业正处于盈利能力不断上升、发展前景良好的时期，债务融资是一种不错的选择。而当企业盈利能力不断下降、财务状况每况愈下、发展前景欠佳时，企业应尽量少用债务融资方式，以规避财务风险。

⑤企业所处行业的竞争程度。当企业所处行业的竞争激烈，进出行业也比较容易，且整个行业的获利能力呈下降趋势时，则应考虑用股权融资，慎用债务融资。当企业所处行业的竞争程度较低，进出行业也较困难，且企业的销售利润在未来几年能快速增长时，则可考虑增加负债比率，获得财务杠杆利益。

⑥企业的资产结构和资本结构。一般情况下，企业固定资产在总资产中所占比重较大，总资产周转速度慢，要求有较多的权益资金等长期资金作后盾。而流动资产占总资产比重较大的企业，其资金周转速度快，可以较多地依赖流动负债筹集资金。

⑦企业的控制权。发行普通股会稀释企业的控制权，可能使控制权旁落，而债务筹资一般不影响或很少影响控制权。

⑧利率、税率的变动。如果目前利率较低，但预测以后可能上升，那么企业可通过发行长期债券筹集资金，从而在若干年内将利率固定在较低的水平上。反之，若目前利率较高，企业可通过流动负债或股权融资方式筹集资金，以规避财务风险。就税率来说，由于企业利用债务资金可以获得减税利益，因此，所得税税率越高，债务融资的减税利益就越多。此时，企业可优先考虑债务融资。反之，债务融资的减税利益就越少。此时，企业可考虑股权融资。融资方式的选择是每个企业都会面临的问题，企业应综合考虑影响融资方式选择的多种因素，根据具体情况灵活选择资金成本低、使企业企业价值最大的融资方式。

❀ 小案例

“农家乐”企业被风投公司相中

2005年6月，临安市西天目乡九思村，村书记汪苗华带头拆了自己的房子，与联众休闲产业有限公司（该公司是一家乡村资源开发公司，主要由农民集资组建，以下简称为联众休闲）签订了新建农家公寓共同开发“农家乐”的合同。这是“联众模式”迈出的第一步。三年后，这种联众模式已经遍布九思村家家户户，让这个村民“娶不起老婆”的穷山村摇身一变成了让周围村的姑娘抢着嫁过来的富裕村。

联众模式的雏形是公司两位创始人朱为民、余学兵在闲聊中发现很多农民都想做“农家乐”，但是没钱，有钱的家庭把房子盖好做“农家乐”，没钱的看着别人赚钱。同时他们发现很多同事都喜欢去环境好的农村游玩。于是他们就跟农民提出出钱给农民建房子的建议。当时很多农民觉得这是天上掉馅饼的事，都不太相信，只有村书记汪苗华对自己及引领整个村子致富的愿望非常迫切，于是就有了文章开头的一幕。房子很快被报社的同事租了大半，他们二人就在报纸上登了一个消息，把这种模式推荐了一下，征集大家报名一起去看看。文章出来后有4 000多人踊跃报名。“当时我们很激动，发现这种模式完全可以做成一个行业。”余学兵回忆起当初的一幕仍有些激动。

赛伯乐（中国）创业投资管理有限公司（以下简称为赛伯乐）投资前的联众模式可以说是普通“农家乐”模式的升级版。由联众休闲出资，在农民的宅基地上盖起四层小楼，一层供农户自住，其余三层可租给城里居民，农民每月有500元的固定工资，同时可以经营餐饮。城里居民只要出资5万~10万元就可以享受一间屋子20~30年的居住权，购买金额按照房屋的大小及地理环境确定。这种类型的房屋被联众休闲命名为“城仙居乡村公寓”。

“城仙居乡村公寓”为联众休闲引来了风险投资。2008年8月，联众休闲公布获得赛伯乐及杭州市政府设立的创业投资引导基金共1 800万元人民币的投资。获得投资后，赛伯乐将为联众休闲引入国外流行的“分时度假”模式，并将继续引入战略投资者，将联众休闲打造成中国“乡村版”如家。

按照目前的国际惯例，“分时度假”是指度假酒店或度假村的一个房间的使用权以周为单位，分时段卖给多个客人，使用期限可以是20年、

30年，甚至更长的时间。顾客购买了一个时段（即一周）的使用权后，可以每年在此享受一个星期的度假。中国目前每万人拥有的分时度假会员数是周边国家中最低的，仅为0.06%。根据一项研究显示，如果能够建立起一个百万名会员的分时度假及交换系统，将直接拉动内需50亿~70亿元人民币，间接拉动内需200亿~300亿元人民币。

资料来源　金融界，http://stock.jrj.com.cn/cgem/2008/09/0417201857458.shtml，2008-09-04。

四、怎样选择风险资本

1. 风险资本的概念

风险资本，是指由专业投资人提供给具有很大升值潜力和很快成长速度的新兴公司的一种资本。风险资本通过购买股权、提供贷款或既购买股权又提供贷款的方式进入这些企业。

风险资本有两个基本特点，即“创新+金融”和“投资+管理”。

①“创新+金融”。它是指风险投资以金融的手段帮助企业实现“创新”，使“创新”从“萌芽”阶段飞跃至“实现价值”阶段，使利润提前实现。

②“投资+管理”。它是指风险投资不仅仅为项目提供资金，更要提供一系列的增值服务，在管理上帮助企业克服一个个经营或者管理瓶颈，使之得以长远发展。

风险投资虽然是一种股权投资，但投资的主要目的是通过投资和提供增值服务把投资企业做大，然后通过公开上市（IPO）、兼并收购或其他方式退出，在产权流动中实现投资回报。

风险投资的产业领域主要是高新技术产业。以美国为例，1992年电脑和软件产业占27%，其次是医疗保健产业占17%，再次是通信产业占14%、生物科技产业占10%。

2. 风险投资人

①风险资本家。他们是向其他企业家投资的企业家，与其他风险投资人一样，他们通过投资来获得利润。但不同的是风险资本家所投出的资本全部归其自身所有，而不是受托管理的资本。

②风险投资公司。风险投资公司的种类有很多种，但是大部分公司通过风险投资基金来进行投资，这些基金一般以有限合伙制为组织形式。

③产业附属投资公司。这类投资公司往往是一些非金融性实业公司下

属的独立风险投资机构，他们代表母公司的利益进行投资。这类投资人通常主要将资金投向一些特定的行业。和传统风险投资一样，产业附属投资公司也同样要对被投资企业递交的投资建议书进行评估，深入企业作详细调查并期待得到较高的回报。

④天使投资人。这类投资人通常投资于非常年轻的公司以帮助这些公司迅速启动。在风险投资领域，“天使投资人”这个词指的是新创企业的第一批投资人，这些投资人在公司产品和业务成型之前就把资金投入进来。

3. 投资方式

从投资性质看，风险投资的方式有三种：①直接投资；②提供贷款或贷款担保；③提供一部分贷款或担保资金同时投入一部分风险资本购买被投资企业的股权。但不管是哪种投资方式，风险投资人一般都附带提供增值服务。

风险投资还有两种不同的进入方式：①将风险资本分期分批投入被投资企业。这种情况比较常见，既可以降低投资风险，又有利于加速资金周转。②一次性投入。这种方式不常见，一般风险资本家和天使投资人可能采取这种方式，一次投入后，很难也不愿提供后续资金支持。

4. 新创企业如何吸引风险投资者

（1）了解风险投资者的所思所想

任何一家投资公司都不会选择那些不具备成功条件的企业进行投资。风险投资者将努力寻求基本素质高的创业者。创业者的诚信正直、有成就、精力充沛、天资过人、学识渊博、领导素质、创新能力这七种素质对风险投资者很有吸引力。

（2）考虑风险投资者的偏爱

风险投资者偏爱那些在高技术领域具有领先优势的公司，比如软件、药品、通信技术领域。如果创业者有一项受保护的先进技术或产品，那么他的新创企业就会引起风险投资公司更大的兴趣。这是因为高技术行业本身就有很高的利润，而领先的或受保护的高技术产品更容易使新创企业进入市场，并在激烈的市场竞争中立于不败之地。因此，这些企业容易受到风险投资者的偏爱。

（3）了解风险投资者所在的区域因素

一般的风险投资公司都有一定的投资区域，这里的区域有两个含义：①技术区域。风险投资公司通常只对自己所熟悉行业的企业或自己了解的技术领域的企业进行投资。

②地理区域。风险投资公司所资助的企业大多分布在公司所在地的附近地区。这主要是为了便于沟通和控制。一般地，投资人自己并不参与所投资企业的实际管理工作，他们更像一个指导者，不断地为企业提供战略指导和经营建议。

（4）了解风险投资者所选择公司的特点

大多数风险投资者更偏爱小公司，这是因为：①小公司技术创新效率高，有更多的活力，更能适应市场的变化。②小公司的规模小，需要的资金量也小，风险投资公司所冒风险也就有限。从另一方面讲，小公司的规模小，其发展的余地也更大，因而同样的投资额可以获得更多的收益。此外，通过创建一个公司而不是仅仅做一次投资交易，可以帮助某些风险投资家实现他们的理想。

（5）风险投资者喜欢选择有经验的新创公司

现在的风险投资行业越来越不愿意去和一个缺乏经验的新创企业合作，尽管这些创业者的想法或产品非常有吸引力。在一般的投资项目中，投资者都会要求创业者有从事该行业工作的经历或成功经验。如果一个创业者声称他有一个极好的想法，但他又几乎没有在这一行业中的工作经历时，投资者就会怀疑这一建议的可行性。

大多数年轻的创业者常犯的一个错误就是：没有去寻找足够的帮助，没有和已在本行业中取得成功经验的其他企业家进行交流。一个意识到自己缺乏经验的创业者会主动聘请一位已有成功经验的管理者来担任顾问或助手，这样可以使自己在较短时间内成长为一名卓越的管理者和企业家。

由于寻求资金的人很多，风险投资公司也需要一个筛选的过程。如果创业者能得到某位令风险投资公司信任的律师、会计师或某位行业内的“权威”的推荐，他获得资助的可能性就会提高许多。在与风险投资公司接触过程中，创业者还要有一种坚韧、顽强的精神。

5. 新创企业如何选择风险投资者

新创公司在选择风险投资者时，应考虑以下几个因素：

（1）业界的信誉

风险投资是指投资人将自己的资金投资于新近成立或快速成长的新兴公司（主要是高科技公司），在承担极大风险的基础上，为融资人提供长期股权投资和增值服务，培育企业快速成长，数年后再通过上市、兼并或其他股权转让的方式撤出投资，以期取得高额投资回报。所以，风险投资者在业界的信誉就成为创业企业选择风险投资者的主要标准。这也关系到能否完成从创业到资本运作的过程。

（2）资金实力

目前，国家对成立的风险创业投资公司颁布了一些规定，比如，2001年9月1日发布的《关于设立外商投资创业投资企业的暂行规定》，要求其注册资本必须在3 000万元以上。但这还远远不够，关于资金实力还要看风险投资公司的股权结构，最好是多元化、基金化。从美国风险投资的发展来看，股权多样化是风险投资的发展趋势，股权多样化有利于扩大资金规模。

（3）运作程序

风险投资公司都设有搜索投资机会的系统。初审时，风险投资者根据创业企业交来的商业计划书，对项目进行初次审查，并挑选出少数感兴趣的作进一步的考察；然后进入再审，对通过初审的商业计划书进行进一步的研究；内部研讨风险投资者及行业专家、市场专家对通过再审的商业计划书进行研究，决定是否需要进行面谈或回绝。了解对方的运作程序可以判断风险投资者的商业经验和能力。

（4）管理团队

管理团队必须是进取及努力不懈的专业人员，在资本市场、金融市场及资讯科技领域中具备丰富的经验，致力于为客户提供专业及以客户为本的服务精神，能透过瞬息万变的市场环境及应用最佳的科技解决方案，提供个性化及应客户需求而设的服务，为客户创造更多的回报。

第五章　按部就班办登记

❀ 引例

新企业未登记注册所带来的损失

2003年7月2日，某乡镇甲公司与乙公司共同发起成立一家食品企业。双方发起人订立了发起人协议，在协议中详细约定了出资、机构设置等《公司法》规定的事宜，同时约定公司的筹备与注册登记由甲公司负责。同年8月15日，乙公司依约将20万元投资款汇入甲公司账户。此后，双方制定了公司章程，设置了董事会机构，并召开了会议。

上述工作完成之后，甲公司一直未按约定进行公司注册登记。到2006年10月，已超过约定注册时间近2年，公司仍未注册，公司业务也因此而未开展。此时，乙公司方面因业务变化，要求抽回出资，双方发生争执。

乙公司诉至法院，以对方违约为由，要求甲公司退回投资款。甲公司则称：双方签订协议，缴纳出资款，制定了章程，成立了董事会，虽未按约定履行注册登记手续，但新企业在实质上已合法成立；乙公司在新企业成立后要求抽回投资，违反法律规定，请求法院判决驳回原告的诉讼要求。

法院经审理认为，甲公司与乙公司订立的设立新食品企业的协议合法有效，双方本应依照合同约定，全部履行自己的义务，但是依约负责办理公司注册登记的甲公司未办理注册登记，致使新企业无法开展业务。因此，甲公司应当返还乙公司的投资款。

至于甲公司所称新企业已成立不允许抽回出资，与本案事实不符，因为新食品企业尚未按法律规定进行注册登记，企业尚未正式成立。最后，法院判决甲公司返还乙公司投资款20万元。

资料来源　新浪博客，http://blog.sina.com.cn/s/blog_5d1228dd0100ec0s.html，2009-07-13。

从引例可以看出，企业要合法经营，必须取得合法地位，只有这样才能获得稳定的经营保障，所以进行企业登记注册是非常必要的。那么，我们如何进行企业登记注册呢？本章将进行较详细的介绍。

一、怎样选择企业类型

1. 几种主要的企业类型

当创业者把创业项目确定下来以后，就要考虑选择什么企业类型。在目前的经济环境中，农村小企业常采用的企业形式主要有三种：有限责任公司、个人独资企业、合伙企业。这三种企业形式各有优缺点，应根据不同条件进行选择。

（1）有限责任公司

①有限责任公司的基本条件。

有限责任公司是指由 50 个以下的股东共同出资，每个股东以其所认缴的出资额为限对公司承担有限责任，公司以其全部资产对其债务承担责任的经济组织。这是在我国各地比较普遍的一种企业形式。其注册基本要求如下：

第一，最低注册资本为人民币 3 万元；一人有限责任公司的注册资本最低为 10 万元，且必须一次缴足。

第二，股东符合法定人数，即由 1 个以上、50 个以下股东共同出资设立。

第三，股东共同制定公司章程。

第四，有公司名称，建立符合有限责任公司要求的组织机构。

第五，有固定的生产经营场所和必要的生产经营条件。

②有限责任公司的优点。

第一，公司成员（董事和股东）的财务责任仅限于所支付的股份资本。如果公司破产，股东和董事无须以个人财产作为债务的补偿。

第二，有明确规定的管理结构和正规的管理制度，董事与经理的任命、解雇和退休均有章可循。

第三，有限责任公司需要额外资本时，可以通过出售股份的方式筹资，也便于接纳更多的成员。有限责任公司具有较大的开放性，其全部或部分资产的转让也比较容易。

第四，某个股东的去世、破产或抽走资本不会影响企业的经营，这就使企业经营具有稳定性和长远发展的可靠基础。

第五，社会信誉和地位比较高。人们普遍认为，与某一个公司打交道往往比与某一个个人打交道更有信心。

③有限责任公司的缺点。

第一，需要一定的注册资本。不少农村创业者在创业初期未必有这样的资金规模。不过，可以吸收更多股东参与投资，从而降低每个人的出资额。

第二，注册时要求提供比较详细的资料，要有公司章程。这些工作需要会计与法律方面的专业人士协助，使得组建费用可能会比较高。

第三，需要在政府的工商管理部门严格注册并备案年度报告和会计报表等资料。这些资料必须经过审计。公司主要经营内容要对公众公开，企业实际上没有秘密可言。如果公司违反《公司法》或《中华人民共和国会计法》等相关法律法规的要求，则可能受到惩罚。

❀ **小资料**

新修订的《公司法》和《公司登记管理条例》十大看点

与此前相比，2006 年 1 月 1 日公布的新修订的《公司法》和《公司登记管理条例》有以下十大看点：

1. 鼓励投资，办公司更加方便

新修订的《公司法》的主要目的是鼓励投资者投资办公司，主要体现在：一是降低公司注册资本数额，并可以采取分期缴资方式；二是扩大出资财产形式的范围，提高无形资产的出资比例；三是承认一人有限责任公司的合法地位。

2. 降低门槛，出资可分期缴清

原《公司法》规定，有限责任公司的注册资本最低限额为：以生产经营为主和以商品批发为主的公司为人民币 50 万元，以商业零售为主的公司为人民币 30 万元，科技开发、咨询、服务性公司为人民币 10 万元，并要求一次缴清。

新《公司法》取消了按照公司经营内容区分最低注册资本额的规定，允许公司按照规定比例在两年内分期缴清出资，其中，投资公司可在 5 年内缴足；同时将有限责任公司的最低注册资本额降至人民币 3 万元。

原《公司法》规定，股份有限公司注册资本的最低限额为 1 000 万元；新的《公司法》进行了相应修改，将股份有限公司注册资本的最低限额降低为 500 万元，同时取消了股份有限公司的设立审批；发起人由原来规定的 5 人以上修改为 2 人以上、200 人以下。

除一人有限责任公司依法实行法定实缴资本制度，以及采取募集设立方式设立的股份有限公司实行实收股本制度外，其他公司均可实行分期缴付的认缴资本制度。有限责任公司可以实行分期缴付。公司全体股东的首次出资额不得低于注册资本的20%，也不得低于法定的注册资本最低额，其余部分由股东自公司成立之日起两年内缴足，其中，投资公司可以在5年内缴足。采取发起设立方式设立的股份有限公司也可以实行分期缴付。公司全体发起人自公司成立之日起两年内缴足；属于投资公司的，可以在5年内缴足。

3. “一人公司”，股东一次缴纳出资额

新《公司法》允许一个自然人或法人投资设立一人有限责任公司。新《公司法》规定，一人有限责任公司是指只有一个自然人股东或者一个法人股东的有限责任公司。一人有限责任公司的注册资本最低限额为人民币10万元。股东应当一次足额缴纳公司章程规定的出资额。

新《公司法》对“一人公司”作了详细的规范性规定，如：一个自然人只能投资设立一个一人有限责任公司；一人有限责任公司应当在每一会计年度终了时编制财务会计报告，并经会计师事务所审计；一人有限责任公司的股东不能证明公司财产独立于股东自己的财产的，应当对公司债务承担连带责任。

4. 修改章程，应当办理变更登记

根据新《公司法》，设立公司必须依法制定公司章程。公司章程对公司、股东、董事、监事、高级管理人员具有约束力。公司的经营范围由公司章程规定，并依法登记。公司可以修改公司章程、改变经营范围，但是应当办理变更登记。公司的经营范围中属于法律、行政法规规定须经批准的项目，应当依法经过批准。公司法定代表人依照公司章程的规定，由董事长、执行董事或者经理担任，并依法登记。

5. 股权分配，股东间可相互转让

新《公司法》规定，有限责任公司的股东之间可以相互转让其全部或者部分股权。股东向股东以外的人转让股权，应当经其他股东过半数同意。股东应就其股权转让事项书面通知其他股东征求同意。其他股东半数以上不同意转让的，不同意的股东应当购买该转让的股权；不购买的，视为同意转让。经股东同意转让的股权，在同等条件下，其他股东有优先购买权。

6. 货币出资，不低于注册资本的30%

新《公司法》还调整了出资方式：一是明确了货币出资比例。全体股东、发起人的货币出资额不得低于注册资本的30%。由原来对工业产权、非专利技术出资比例的限制性规定调整为对货币出资比例的限制性规定。二是明确了非货币财产的出资范围。股东可以用货币出资，也可以用知识产权、土地使用权等可以用货币估价并可以依法转让的非货币财产作价出资。《公司登记管理条例》规定，股东不得以劳务、信用、自然人姓名等作价出资。

7. 经营困难，持表决权10%以上的股东可请求法院解散公司

目前，有的公司不适应市场竞争，经营严重困难，虽未达到破产界限，但继续维持可能会使股东利益受到更大的损失，而股东之间分歧严重，股东会、董事会又不能作出公司解散清算的决议，往往变成僵局。

根据这一情况，新《公司法》规定，公司经营管理发生严重困难，继续存在会使股东利益受到重大损失，通过其他途径不能解决的，持有公司全部股东表决权10%以上的股东可以请求法院解散公司。

8. 公司年检，时间延后

新的《公司登记管理条例》将原条例规定的每年1月1日至4月30日年检修改为每年3月1日至6月30日年检。公司登记机关对公司进行年度检验时，设立分公司的公司在其提交的年度检验材料中，应当明确反映分公司的有关情况，并提交营业执照的复印件。公司应缴纳年度检验费50元。

9. 虚报资本，情节严重的吊销执照

新《公司登记管理条例》规定，公司办理设立登记、变更登记，应当按照规定向公司登记机关缴纳登记费。领取《企业法人营业执照》的，设立登记费按注册资本总额的0.8‰缴纳；领取《营业执照》的，设立登记费为300元。变更登记事项的，变更登记费为100元。虚报注册资本，取得公司登记的，由公司登记机关责令改正，处以虚报注册资本金额5%以上、15%以下的罚款（原规定为5%以上、10%以下）；情节严重的，撤销公司登记或吊销营业执照。

10. 验资机构作假，将承担赔偿责任

新《公司法》规定，承担资产评估、验资或验证的机构提供虚假材料的，由公司登记机关没收违法所得，处以违法所得1倍以上、5倍以下的罚款；因过失提供有重大遗漏的报告的，由公司登记机关责令改正；情节较重的，处以所得收入1倍以上、5倍以下的罚款（原规定为1倍以上、3倍以下）；并可以由有关主管部门依法责令该机构停业，吊销直接

责任人员的资格证书，吊销营业执照。

资料来源 张鸣霄：《一人有限责任公司十万元可当老板——市工商局有关负责人详解新〈公司法〉及〈公司登记管理条例〉十大看点》，载《哈尔滨日报》，2006-02-14。

（2）个人独资企业

①个人独资企业的基本条件。

个人独资企业是指由一个自然人投资，财产为投资人个人所有，投资人以其个人财产对企业债务承担无限责任的经济组织。简单地说，它是由一个人出资经营的企业。当我们作为一个独资企业的企业主的时候，法律对我们个人和对我们的企业是不加区分的。在法律上，独资企业就像个人的房屋、汽车和其他财产一样，也是个人财产的一部分。因此，当独资企业经营失败时，创业者面对的往往不仅是企业的资产付诸东流，个人的其他财产都可能成为抵偿债务的物品。这就是所谓的无限责任。

按照新颁布的《中华人民共和国个人独资企业法》的规定，设立个人独资企业需要具备下列条件：

第一，投资人为一个自然人。

第二，有合法的企业名称。

第三，有投资人申报的出资。

第四，有固定的生产经营场所和必要的生产经营条件。

第五，有必要的从业人员。

②个人独资企业的优点。

第一，容易组建。工商部门对个人独资企业的注册要求很宽松。创业者一开始不一定要有很强的资金实力，也不必租用高级写字楼，起步规模可以很小。不少创业者甚至是在自己家里开始做第一笔生意的。

第二，具有完全的决策权。一个人控制企业，可以按照自己的计划、按照个人愿意的方式开展经营，并且可以随时对经营管理情况进行调整，而不必获得其他人的许可。

第三，可以从企业发展中获得100%的好处。没有人会提出与我们分享企业利润的要求。所有企业利润都归企业主自己。

第四，不必向其他人及股东大会通报企业的经营情况。企业主甚至可以不把经营情况告诉家人和好友。

③个人独资企业的缺点。

第一，负有无限责任，即我们必须对经营中所有的债务负全部责任。如果破产，债权人有权要求出售企业财产和创业者的个人物品来抵债。

第二，信誉不高、地位较低。一般来说，个人独资企业的信誉与创业者个人的信誉是等值的。作为独资企业的企业主，其企业的信誉完全建立在个人信誉的基础上。

第三，缺乏鼎力支持者。作为独资企业的主人，只有一个人单枪匹马地工作，而员工的想法、利益很少与我们完全一致。我们或许可以得到家人的支持，但可能仍然会有孤独感。

(3) 合伙企业

①合伙企业的基本条件。

合伙企业是指由两个以上合伙人订立合伙协议，共同出资、合伙经营、共享收益、共担风险，并对合伙企业债务承担无限连带责任的经济组织。合伙企业要求全体合伙人协商一致，并以书面形式订立合伙协议。成立合伙企业要求具备的条件包括：

第一，有两个以上合伙人，并且都是依法承担无限责任者。

第二，有书面合伙协议。

第三，有各合伙人实际缴付的出资。

第四，有合伙企业的名称。

第五，有经营场所和从事合伙经营的必要条件。

②选择合伙对象的基本要求。

由于合伙企业是共同经营、利益共享、风险共担的，因此选择合适的合伙对象就成为合伙企业成功与否的关键。一般选择合伙对象的基本要求包括：

第一，合伙者必须互相信任，做到密切配合。这一点尤为重要。众所周知，目前，中国企业在经营过程中各方面的制度还不是很健全，尤其是一直无法形成严格、规范的财务与会计制度。如果合伙人之间无法相互信任，那么就很可能在一些非经营性问题上发生争吵，甚至使合伙关系破裂。

第二，性格相宜。当我们拟建立合伙企业时，应该考察一下自己的性格是否适合当合伙人，是否适合与其他合伙人合作。有的人个性太强，不能平等地接受他人的想法，不能与人共享资源，那么这种人就不适合参与合伙；有的合伙人中的每个人都很优秀，但彼此之间性格冲突，而不是性格互补，这样共同创业也很容易失败。

第三，要恰当地处理合伙协议问题。签订合伙协议一般应当载明下列事项：合伙企业的名称和主要经营场所的地点；合伙目的和合伙企业的经营范围；合伙人姓名及其住所；合伙人出资的方式、数额和缴付出资的期限；利润分配和亏损分担办法；合伙企业事务的执行；入伙与退伙；合伙企业的解散与清算；违约责任。另外，合伙协议还可以载明合伙企业的经营期限和合伙人争议的解决方式。

③合伙企业的优点。

第一，建立合伙企业的手续比较简单，非常便利。

第二，如果合伙人都对企业投入资金的话，那么合伙企业就能够获得较多的启动资金。这种资金的集合对创业者初期的创业活动可能是非常重要的。

第三，合伙人之间可以形成技能互补。例如，一个合伙人有技术，一个合伙人具有管理才能，还有一个合伙人善于理财和提出创意，那么，与一个人单枪匹马相比，这个组合往往更能有效地利用各自的优势，而优势的整合往往就意味着成功。

第四，合伙人之间可以互相增强信心。一个合伙人可以从其他合伙人身上获得力量，而且合伙人之间能够分担责任。

第五，与有限责任公司相比，合伙企业在公司管理制度、财务等方面可以相对简单一些。

④合伙企业的缺点。

第一，不管是谁的过失造成了企业的损失，每个合伙人都对合伙企业承担无限责任。

第二，信任问题。合伙企业比较容易出现信任问题，而这一问题可能是我国合伙企业失败的主要原因。如果合伙人之间互相猜疑，或者的确有人出于自己利益的考虑采取了不忠于其他合伙人的行为，那么合伙关系就有可能宣告破裂。

第三，意见分歧与个性冲突。合伙企业成功的前提往往是大家意见一致。对任何重大经营问题上的意见分歧以及合伙人之间的个性冲突，都可能是合伙企业解体的原因。

第四，由于以上原因，以及某个合伙人破产或者去世等原因，合伙关系会比较不稳定。所以，与创办个人独资企业相比，创业者与人合作创办合伙企业要更加谨慎。成功的合伙很可能是一个人成功创业的第一步，而失败的合伙可能耗干一个人的精力，使人陷于无所作为的境地。

以上三种企业类型各有特点，其主要区别见表5—1。

表5—1　　三种企业类型的比较

	有限责任公司	个人独资企业	合伙企业
注册资金	最低3万元	申报制，无限额	申报制，无限额
投资人	1～50个股东	1个自然人	2个以上合伙人
责任	有限责任	无限责任	无限责任
缴纳的主要税种	企业所得税	个人所得税	个人所得税
会计	须经专业审计	无须审计	须简单的审计
公司章程	需要规范的章程	不需要	简单的章程即可

注：①《国务院关于个人独资企业和合伙企业征收个人所得税问题的通知》规定，个人独资企业和合伙企业从2000年1月1日起，停止征收企业所得税，比照个体工商户生产经营所得征收个人所得税。

②有限责任公司以股东认缴的出资额为限承担有限责任，仅在股东不能证明公司财产独立于股东自己财产的情况下对公司债务承担无限责任。个体工商户、个人独资企业和合伙企业以其个人财产对企业债务承担无限责任。投资人在申请企业设立登记时明确以其家庭共有财产作为个人出资的，应当依法以家庭财产对企业债务承担无限责任。

③有限责任，是指投资人仅以自己投入企业的资产对企业债务承担清偿责任；资不抵债的，其余部分自然免除。

④连带责任，是指无论债务人之间如何约定，每个债务人都有义务对债权人承担全部清偿责任。也就是当合伙企业财产不足以清偿其债务时，合伙人应以其在合伙企业出资以外的财产清偿债务。每一个合伙人对企业债务都有清偿义务，债权人可以就合伙企业财产不足清偿的部分向任何一个合伙人要求全部偿还。

⑤无限责任，是指债务人必须承担全部的债务清偿责任，也就是当企业的全部财产不足以清偿企业债务时，投资人应以个人的全部财产来清偿债务。实际上，无限责任就是将企业的责任与投资人个人的责任连为一体。

2. 如何选择企业类型

企业的类型较多，那么我们应如何选择合适的企业类型呢？应考虑哪些因素呢？

我们可以从企业的发展方向、行业的选择、法律责任、税收政策、公司管理等几个方面综合考评，来选择最适合自己的企业类型。选择企业类型的依据如图5—1所示。

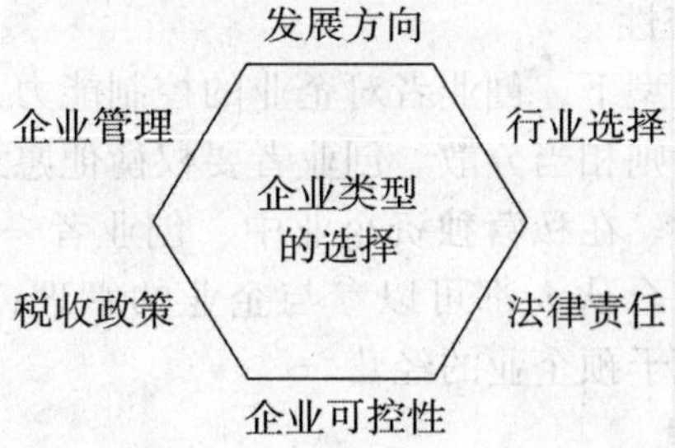

图 5—1 选择企业类型的依据

(1) 企业的发展方向

不同类型企业在组建时的资本需求是不同的。创业者应根据自己的资金情况进行选择。不同类型企业的融资能力不同，在需要追加投资时的难易程度也不同。私营独资企业的初创成本要求最低，但未来的融资能力也最差；公司制企业的初始投资大，但能募集到的资本也更多，企业发展的空间也会更大。

(2) 企业行业的选择

选择何种企业类型，与创业者要进入的行业有很大关系。私营独资企业比较适合于零星分散的小规模经营，在个体农业、手工业、零售商业以及服务行业和自由职业中所占比例较大。一些行业的创业者必须要有合作精神，要建立起合作的团队，可以考虑选择私营合伙企业。比如，创办律师事务所、顾问公司、培训机构等，如果没有合伙人，很难开展业务。而对资金、技术依赖性强的行业则不适合单干。有限责任公司的行业范围更广，可以考虑贸易、电子、化工等行业。

(3) 企业的法律责任

有些组织类型能够对创业者及投资人提供一定程度的保护，如公司制企业的有限责任原则就是对其个人财产的有效保护。在选择企业类型时，要权衡各种类型赋予创业者的法律和经济责任，将责任控制在其愿意承担的范围内。私营独资企业的无限责任以及私营合伙企业的无限连带责任就给投资者的个人和家庭财产带来了风险。

(4) 企业的税收政策

不同的企业类型所适用的税收政策是不同的，而税收政策对企业的影响是长期的和非常重大的，因此，应比较不同企业类型的税率和征收方法。私营有限责任公司要双重征税，而私营独资企业和私营合伙企业则可以避免双重征税的问题。

（5）企业的可控性

在不同的企业类型下，创业者对企业的控制能力是不一样的，有的权力高度集中，而有的则相当分散。创业者要权衡他愿意放弃的控制力和想要获取的他人的帮助。在私营独资企业中，创业者一人拥有经营决策权；私营合伙企业的每个合伙人都可以参与企业的管理；而在有限责任公司中，每个股东都有权干预企业的经营。

（6）企业的管理

创业者要评估自己的管理能力。如果自己不擅长管理，就应该选择那些能够将多种人才纳入企业内部的组织类型。私营独资企业基本上全部依赖于创业者的个人能力；私营合伙企业的合伙人就可以实现优势互补；而公司制企业中的经营权和所有权的分离则可以让专业的管理者来经营企业。

中国绝大部分注册公司都选择注册为有限责任公司。自 2006 年新的《公司法》实施后，注册一人有限责任公司的创业者也越来越多，其中主要为从事网上销售的创业者。

二、怎样办理企业登记注册

进行登记注册是开办企业的法定程序。从本章开头的引例中我们已经知道，只有依照程序进行登记注册，企业的经营活动才是合法的，才能受到法律保护。图 5—2 列出了企业登记注册应办理的手续及其程序。

1. 企业登记注册的基本条件

各种企业类型的登记注册条件不同。以有限责任公司为例，其登记注册的基本条件有：

①股东符合法定人数。

②股东出资达到法定资本的最低限额。

③股东共同制定公司章程。

④有公司名称，建立符合有限责任公司要求的组织机构。

⑤有公司住所。

2. 企业登记注册需要提交的材料

不同类型的公司在登记注册时需要提交的材料不同。以有限责任公司为例，其登记注册时需要提交的材料有：

①公司法定代表人签署的设立登记申请书。

②全体股东指定代表或者共同委托代理人的证明。

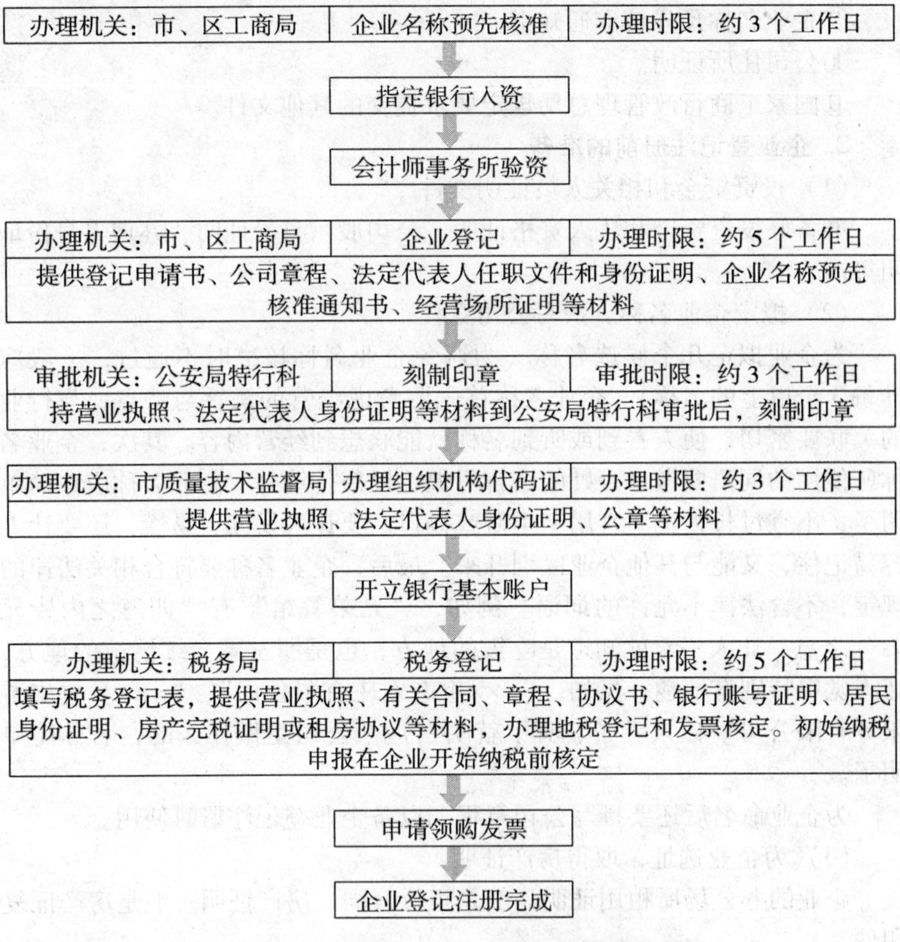

图5—2　企业登记注册应办理的手续及其程序

③公司章程。

④依法设立的验资机构出具的验资证明，法律、行政法规另有规定的除外。

⑤股东首次出资是非货币财产的，应当在公司设立登记时提交已办理其财产权转移手续的证明文件。

⑥股东的主体资格证明或者自然人身份证明。

⑦载明公司董事、监事、经理姓名及住所的文件以及有关委派、选举或者聘用的证明。

⑧公司法定代表人任职文件和身份证明。

⑨企业名称预先核准通知书。

⑩公司住所证明。

⑪国家工商行政管理总局规定要求提交的其他文件。

3. 企业登记注册前的准备

（1）投资资金和相关人员证明文件

准备好投资资金和法人资格证明、公司股东身份证明、办理人身份证明等。

（2）拟定企业名称，撰写公司章程

为企业拟定几个候选名称（为避免企业名称核准时不通过，一般应准备3个以上的名称）。企业名称首先要考虑经营的宗旨与特点，与行业的关联要密切，使人看到或听到名称就能联想到经营内容。其次，企业名称所使用的词语要考虑百姓的语言习惯、民俗传统等。企业名称应该简单明了，不宜过长，也不宜用字生僻或拗口，要让人易读、易懂，还要让人容易记住，又能与其他企业区别开来。最后，企业名称要符合相关法律的规定，不含法律不允许的词语。例如，“兄弟餐馆”有“四海之内皆兄弟”之意，让人一看就知道是吃饭的地方，也是朋友聚会续情谊的地方，让人觉得特别有情趣；又如，“×××生态农庄有限公司”、“×××乡村旅游服务有限公司”让人看了、听了就明白这个公司是做什么的，名称简单明了。

为企业命名后还要撰写公司章程，以备企业登记注册时使用。

（3）为企业选址，取得房产证明

企业的办公场所租用证明一般是租赁合同。房产证明一般是房产证复印件。

企业选址也要非常用心。要根据企业的经营范围和经营定位来选择经营地址，而且选址前的实地考察必不可少，尽可能多地掌握企业经营地址周围环境的第一手资料。租赁来专门办公用的办公场所一般是商用的写字楼，要考虑租金成本。有些房屋是法律不允许用来办公的，不能用来注册企业。如果是大型生产企业，其地址需选择在地广人稀、交通方便、租金又较低的地区。如果是零售企业，其地址需选择在人流量大的路口处。企业选址要遵循以下几个原则：趋闹避静选商圈，选择人流大、商业活动频繁的商圈，避免偏僻的环境；避开交通管制地区，选择门前适合停放车辆的位置；选择人气旺、居民集中、人口密集和居民增长较快的地区；要考虑经营场地所在道路的特点和客流的方向与分类；选择适合自己经营的专业市场，集聚效应容易吸引客户；小城市开大店，践行“第一原则”，争当地区第一或者行业第一；大城市里开旗舰店或“遍地开花”，形成品牌“大造势”，强化品牌形象与实力。

4. 企业登记注册的流程

（1）企业名称预先核准

到所在地工商局（工商局徽如图5—3所示）领取“企业名称预先核准申请表”，准确填写准备命名的公司名称（至少准备3个名称），由工商局上网检索是否有重名现象。没有重名的，就同意使用该名称，核发一张“企业名称预先核准通知书”。

图5—3　工商局徽

（2）办理行业专项审批

如果企业申请经营国家规定的专项行业，涉及前置审批，需凭“企业名称预先核准通知书”到对口审批部门办理审批手续。如果企业没有涉及专项审批，可略过此过程。

（3）到会计师事务所领取“银行询证函”

联系一家信誉好的会计师事务所，领取一张会计师事务所盖章的“银行询证函”（必须是原件）。可以在报纸分类广告和网络上查找会计师事务所，或者询问一下朋友。

（4）到银行开立公司验资户

到这一步，要求带上公司章程、工商局发的“企业名称预先核准通知书”、法人代表的私章、身份证，用于验资的费用及空白询证函表格，到银行去开立公司账户。千万记得告知银行开的是验资户。公司账户开立好后，股东们按自己的出资额把钱存入公司账户中。银行将发给每个股东缴款单，并在询证函上盖上银行的印章。要注意的是：《公司法》对注册公司规定，投资人（股东）必须缴纳足额的资金，可以以现金形式出资，也可以以实物（如汽车、房产、知识产权等）出资。银行办理的只是货币出资。如用实物出资的，还需要到会计师事务所鉴定其价值，其手续比较麻烦。因此，对于初创企业，建议直接用现金出资。

（5）办理验资报告

在银行等部门办完其他手续，带着银行出具的股东缴款单和银行盖章的询证函、公司章程、“企业名称预先核准通知书”、办公场地租赁合同（或房产证复印件），到会计师事务所办理验资，取得验资报告。

（6）领取营业执照

备齐登记注册资料等文件后，交由工商局登记受理窗口初审就可以了。一般情况下，在工商局审批后，就可以按约定到工商局缴纳登记注册费用并领取营业执照了。

营业执照（如图 5—4 所示）分正、副两个版本。正本挂在营业场所；副本可携带，以便办理其他手续。

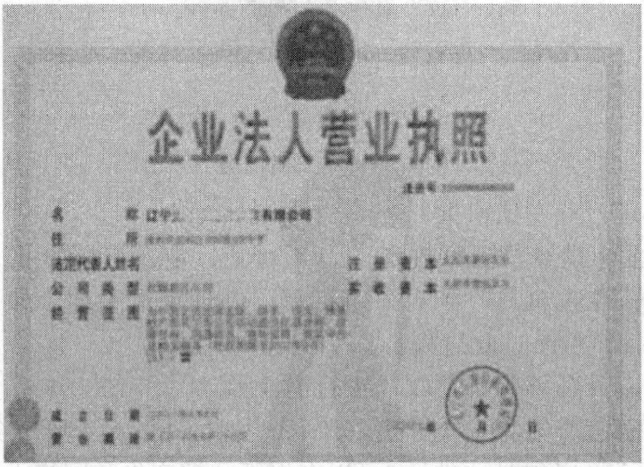

图 5—4　企业法人营业执照

（7）刻章

领取营业执照后，凭营业执照、法定代表人身份证明等材料到公安局特行科审批后，到公安局指定的刻章社去刻公章。一般规定，单位章（如图 5—5 所示）刻圆形或椭圆形，财务专用章和法人私章刻方形。

（8）办理组织机构代码证

凭营业执照到质量技术监督局审批，办理组织机构代码证（如图 5—6 所示）。质量技术监督局会发一个预告受理代码证明文件，凭此文件就可以办理其他手续（如税务登记证、银行基本户开户等）了。

图 5—5 公司印章

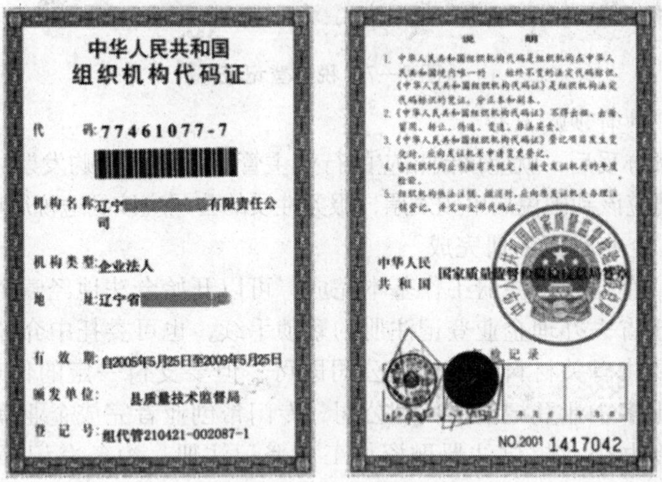

图 5—6 组织机构代码证

（9）去银行开立基本账户

携带营业执照、组织机构代码证（代码证明文件），去银行开立基本账户。建议去验资时开户的银行，这样会省下验资账户的费用。开立基本账户需要填写很多表格，最好把有关的证件全部带上。

（10）办理税务登记

公司在领取营业执照后的 30 日内，必须到当地税务局申领税务登记证（如图 5—7 所示）。一般公司都需要办理国税和地税两种税务登记。值得注意的是，办理税务登记证时，必须有一个会计人员到场，因为税务局要求提交的资料中，有一项是会计资格证和身份证。鉴于此，可以提前请一位兼职会计。

图 5—7　税务登记证

（11）申请领购发票

手续都办妥后，就应该到相应的行业主管部门申请领购发票。主营销售商品的公司应该到国税局申领发票，服务性质的公司应该到地税局申领发票。

（12）企业登记注册完成

至此，企业登记注册工作基本完成，可以开始合法地经营企业了。

如果想省去办理企业登记注册的繁琐手续，也可委托中介公司全权代理。只需要将有关材料交给代理公司即可，但要支付一定的代理服务费。市场上有很多企业登记注册代理公司，专门帮创业者完成企业登记注册手续，可为新办企业提供注册融资、工商登记注册、税务登记等一条龙服务，其费用按提供的服务项目收取，而且登记注册的时间一般要比企业自己去办理还快。如果不想麻烦，又想快一些，聘请一家中介公司代理不失为一个简捷的好方法。

❀ **小资料**

网上开店的步骤

网上开店虽然简单，但是也是有一定的规矩。我们来看看网上开店大体的流程：

第一步，想在网上开店。需要想好自己要开一家什么样的店。在这点上，开网店与传统的店铺没有区别。寻找好的市场，自己的商品有竞争力，是成功的基石。

第二步，网店平台选择。需要选择一个提供个人店铺平台的网站，并注册为用户。这一步很重要。大多数网站会要求用真实姓名和身份证等有效证件进行注册。在选择网站的时候，人气是否旺、是否收费以及收费情况等都是很重要的指标。现在，很多平台提供免费开店服务，这可以为您省下不少费用。

第三步，开通自己的网上店铺。要详细填写自己店铺所提供商品的分类。例如，出售的食品应该归类在“生活超市”大类下的“食品”一类，以便让我们的目标用户可以准确地找到。然后，我们需要为自己的店铺起个醒目的名字。网友在列表中点击哪个店铺更多取决于店铺的名字是否吸引人。有的网店显示个人资料，应该填写真实信息，以增加信任度。

第四步，网店货源。可以从您熟悉的渠道和平台进货。控制成本是关键。

第五步，上传商品信息。需要把每件商品的名称、产地、所在地、性质、外观、数量、交易方式、交易时限等信息填写在网站上，最好搭配商品的图片。名称应尽量全面，突出优点，因为当别人搜索该类商品时，只有名称会显示在列表上。为了增加吸引力，图片的质量应尽量好一些，说明也应尽量详细。如果需要邮寄，最好声明谁负责邮费。

还有一项非常重要的事情，就是设置价格。通常，网站会提供起始价、底价、一口价等项目由卖家设置。假设卖家要出售一件进价100元的衣服，打算卖到150元。一个传统的店主，会先标出150元的价格；如果卖不动，再一点点降低价格。但是，网上竞价不同，卖家要先设置一个起始价，买家由此向上出价。起始价越低，越能引起买家的兴趣。有的卖家设置了1元起拍，这就是吸引注意力的好办法。

但是，起始价太低会有最后成交价也太低的风险，所以卖家最好同时设置底价。例如，设定105元为底价，以保证商品不会被低于成本价买走。起始价太低的另一个缺点是可能暗示我们愿意以很低的价格出售该商品，从而使竞拍在很低的价位上徘徊。如果卖家觉得等待竞拍结束的时间太长，可以设置一口价，即一旦有买家愿意出这个价格，商品立刻成交。其缺点是如果几个买家都有兴趣，也不可能托高价钱。卖家应利用这些要价形式，根据自己的具体情况进行设置。

第六步，网店推广。为了提升自己店铺的人气，在开店初期，应适当地进行营销推广，但推广渠道只限于网络是不够的，要网上、网下多种渠道一起推广。例如，购买网站流量大的页面上的“热门商品推荐”的位置，将商品分类列表上的商品名称加粗、增加图片，以吸引顾客眼球。也可以利用不花钱的广告，比如与其他店铺和网站交换链接。

第七步，网店咨询服务。顾客在决定是否购买的时候，很可能需要很多我们没有提供的信息。他们随时会在网上提出，我们应该及时并耐心地回复。需要注意的是，很多网站为了防止卖家私下交易以逃避交易费用，会禁止买卖双方在网上提供任何个人的联系方式，例如电子邮箱、电话等，否则将予以处罚。

第八步，完成销售。成交后，网站会告知双方的联系方式，根据约定的方式进行交易。既可以选择见面交易，也可以通过汇款、邮寄的方式交易，但是应尽快，以免对方怀疑我们的信用。是否提供其他售后服务，也视双方的事先约定而定。

第九步，处理问题。信用是网上交易很重要的因素。为了共同建设信用环境，如果交易满意，最好给对方好评，并且卖方要通过良好的服务获取对方的好评。如果交易失败，应给予差评或者向网站投诉，以减少损失，并警示他人。如果对方投诉，应尽快处理，以免为自己的信用留下污点。

第十步，售后服务。这一点就不用多说了，完善、周到的售后服务是生意经久不衰的非常重要的因素。与客户保持联系，做好客户管理工作。

附：在淘宝网开店的步骤：

第一步，上淘宝网，注册一个淘宝网账号；带上身份证、银行卡去相应的银行开通网上银行。

第二步，进行支付宝实名认证。

第三步，参加淘宝网的考试。

第四步，网店建设，主要是上传产品图片、宣传广告等。

第五步，开始网上营业。

资料来源　世界创业实验室，http：//elab. icxo. com/htmlnews/2008/12/09/1340843. htm，2008-12-09。

三、登记注册有哪些规定

1. 新创企业名称管理

（1）企业名称的核准

如果申请登记注册的企业名称与被撤销未满 3 年的企业以及营业执照被吊销未满 3 年的企业名称相同或者近似，登记主管机关将不予核准。登记主管机关有权纠正已登记注册的不适宜的企业名称。上级登记主管机关有权纠正下级登记主管机关已登记注册的不适宜的企业名称。对已登记注册的不适宜的企业名称，任何单位和个人可以要求主管机关予以纠正。

两个以上企业向同一登记主管机关申请相同的符合规定的企业名称时，登记主管机关依照申请在先原则核定。属于同一天申请的，应当由企业协商解决；协商不成的，由登记主管机关做出裁决。两个以上企业因已登记注册的企业名称相同或者近似而发生争议时，登记主管机关依照注册在先原则处理。中国企业名称与外国（地区）企业名称在中国境内发生争议，并向登记主管机关申请裁决时，由国家工商行政管理局依据我国缔结或者参加的国际条约规定的原则或《企业名称登记管理规定》处理。

（2）企业名称的变更与转让

企业名称经核准登记注册后，如无特殊原因，在一年内不得申请变更。名称转让可以随企业或者企业的一部分一并转让，但只能转让给一家企业。企业名称的转让方与受让方应当签订书面合同或者协议，并报原登记主管机关核准。企业名称转让后，转让方不得继续使用已转让的企业名称。因此，企业名称要拟得好，拟好了就不要轻易改变。

（3）有关企业名称违规行为的处罚

企业如果出现以下行为将可能由登记主管机关根据情节给予处罚：

①使用未经核准登记注册的企业名称从事生产经营活动的，责令停止经营活动，没收非法所得或者处以 2 000 元以上、2 万元以下罚款，情节严重的可以并处。

②擅自改变企业名称的，予以警告或者处以 1 000 元以上、1 万元以下罚款，并限期办理变更登记。

③擅自转让或者出租自己的企业名称的，没收非法所得并处以 1 000 元以上、1 万元以下罚款。

④使用保留期内的企业名称从事生产经营活动或者保留期届满不按期将“企业名称登记证书”交回登记主管机关的，予以警告或者处以 500 元以上、5 000 元以下罚款。

⑤企业的印章、银行账户、牌匾、信笺所使用的名称应当与登记注册的名称相同。从事商业、公共饮食、服务等行业的企业牌匾名称可适当简化，但应当报登记主管机关备案。否则，登记主管机关将予以警告，并处以 500 元以上、5 000 元以下罚款。

⑥擅自使用他人已经登记注册的企业名称，或者有其他侵犯他人企业名称专用权行为的，被侵权人可以向侵权人所在地登记主管机关要求处

理。登记主管机关有权责令侵权人停止侵权行为，赔偿被侵权人因该侵权行为所遭受的损失，没收非法所得并处以5 000元以上、5万元以下罚款。

对侵犯他人企业名称专用权的，被侵权人也可以直接向人民法院起诉。

2. 企业法定代表人管理

我国《企业法人法定代表人登记管理规定》规定，企业法人法定代表人经企业登记机关核准登记，取得企业法定代表人资格。

(1) 不能担任企业法定代表人的情况

有下列情形之一的，不得担任企业法定代表人，企业登记机关不予核准登记：

①无民事行为能力或者限制民事行为能力的。

②正在被执行刑罚或者正在被执行刑事强制措施的。

③正在被公安机关或者国家安全机关通缉的。

④因犯有贪污贿赂罪、侵犯财产罪或者破坏社会主义市场经济秩序罪被判处刑罚，执行期满未逾5年的；因犯有其他罪，被判处刑罚，执行期满未逾3年的；或者因犯罪被判处剥夺政治权利，执行期满未逾5年的。

⑤担任因经营不善而破产清算的企业的法定代表人或者董事、经理，并对该企业的破产负有个人责任，自该企业破产清算完结之日起未逾3年的。

⑥担任因违法被吊销营业执照的企业的法定代表人，并对该企业违法行为负有个人责任，自该企业被吊销营业执照之日起未逾3年的。

⑦个人负债数额较大，到期未清偿的。

⑧法律和国务院规定不得担任法定代表人的其他情形。

(2) 企业法定代表人的变更

企业法定代表人任职期间出现上述所列情形之一的，该企业法定代表人应当申请办理企业法定代表人变更登记；企业申请办理企业法定代表人变更登记，应当向原企业登记机关提交下列文件：

①对企业原法定代表人的免职文件。

②新任企业法定代表人的任职文件。

③由企业原法定代表人签署的变更登记申请书。

有限责任公司或者股份有限公司的法定代表人在任职期间出现上述情形之一，且不能或者不签署变更登记申请书的，由拟任公司法定代表人根据股东大会或者董事会关于变更公司法定代表人的决议签署变更登记申请书。

（3）企业法定代表人违规行为的处罚

企业法定代表人应当在法律、行政法规和企业法人组织章程规定的职权范围内行使职权。企业法定代表人的签字应当向企业登记机关备案。

违反国家有关规定，隐瞒真实情况，采用欺骗手段取得企业法定代表人资格的，由企业登记机关责令改正，处 1 万元以上、10 万元以下的罚款；情节严重的，撤销企业登记，吊销企业法人营业执照。

违反国家有关规定，应当申请办理企业法定代表人变更登记而未办理的，由企业登记机关责令限期办理；逾期未办理的，处 1 万元以上、10 万元以下的罚款；情节严重的，撤销企业登记，吊销企业法人营业执照。

3. 企业的印章管理

企业的印章、银行账户、牌匾、信笺所使用的名称应当与登记注册的名称相同。

企业印章直径不得大于 4.5 厘米，中央一律刊五角星；五角星外刊单位名称，自左而右环行，或者名称的前段自左而右环行、后段自左而右横行。印章的印文使用宋体字和国务院公布实行的简化字。

制发印章的机关对印章的刻制和发送必须加强管理，严格审查手续。刻制印章的工厂或刻字社，必须取得用章单位的上级委托书和公安部门的许可才能刻制。对伪造印章和使用伪造印章者，应当依法惩处。

企业对印章要严格管理。使用印章，必须经本单位领导人批准。对非法使用印章的，应当根据情节给予行政处分，直至依法惩处。企业的印章如因机构变动而停止使用，应当将原印章缴回制发机关封存或销毁。

4. 特殊标志管理

为加强对特殊标志的管理，推动文化、体育、科学研究及其他社会公益活动的发展，保护特殊标志所有人、使用人和消费者的合法权益，国家制定了《特殊标志管理条例》。所称特殊标志，是指经国务院批准举办的全国性和国际性的文化、体育、科学研究及其他社会公益活动所使用的，由文字、图形组成的名称及缩写、会徽、吉祥物等标志。经国家工商行政管理部门核准登记的特殊标志受国家法律保护。

（1）不能作为特殊标志的情况

含有下列内容的文字、图形组成的特殊标志，国家工商行政管理部门不予登记：

①有损于国家或者国际组织的尊严或者形象的。

②有害于社会善良习俗和公共秩序的。

③带有民族歧视性，不利于民族团结的。

④缺乏显著性，不便于识别的。

⑤法律、行政法规禁止的其他内容。

特殊标志所有人使用或者许可他人使用特殊标志所募集的资金，必须用于特殊标志所服务的社会公益事业，并接受国务院财政部门、审计部门的监督。

举办社会公益活动的组织者或者筹备者对其使用的名称、会徽、吉祥物等特殊标志需要保护的，应当向国家工商行政管理部门提出登记申请。可以直接申请办理，也可以委托他人代理。

（2）特殊标志的申请登记

申请特殊标志登记，应当填写特殊标志登记申请书，并提交下列文件：

①国务院批准举办该社会公益活动的文件。

②准许他人使用特殊标志的条件及管理办法。

③特殊标志图样5份，黑白墨稿1份。图样应当清晰，便于粘贴，用光洁耐用的纸张印制或者用照片代替，长和宽不大于10厘米、不小于5厘米。

④委托他人代理申请的，应当附代理人委托书，注明委托事项和权限。

⑤国家工商行政管理部门认为应当提交的其他文件。

国家工商行政管理部门收到申请后，如符合规定，且申请文件齐备无误的，自收到申请之日起15日内，发给特殊标志登记申请受理通知书，并在发出通知之日起2个月内，将特殊标志有关事项、图样和核准使用的商品和服务项目，在特殊标志登记簿上登记，发给特殊标志登记证书。特殊标志经核准登记后，由国家工商行政管理部门公告。

申请文件不齐备或者有误的，自收到申请之日起10日内发给特殊标志登记申请补正通知书，并限其自收到通知之日起15日内予以补正；期满不补正或者补正仍不符合规定的，发给特殊标志登记申请不予受理通知书。

对有损于国家或者国际组织的尊严或者形象的特殊标志，有害于社会善良习俗和公共秩序的特殊标志，带有民族歧视性的特殊标志，不利于民族团结的特殊标志，缺乏显著性、不便于识别的特殊标志，国家工商行政管理部门自收到申请之日起15日内，发给特殊标志登记申请驳回通知书。申请人对驳回通知不服的，可以自收到驳回通知之日起15日内，向国家工商行政管理部门申请复议。

（3）特殊标志的使用管理

特殊标志有效期为4年，自核准登记之日起计算。特殊标志所有人可以在有效期满前3个月内提出延期申请，延长的期限由国家工商行政管理部门根据实际情况和需要决定。特殊标志所有人变更地址，应当自变更之日起1个月内报国家工商行政管理部门备案。

已获准登记的特殊标志有下列情形之一的，任何单位和个人可以在特殊标志公告刊登之日至其有效期满的期间，向国家工商行政管理部门申明理由并提供相应证据，请求宣告特殊标志登记无效：

①同已在先申请的特殊标志相同或者近似的。

②同已在先申请注册的商标或者已获得注册的商标相同或者近似的。

③同已在先申请外观设计专利或者已依法取得专利权的外观设计专利相同或者近似的。

④侵犯他人著作权的。

特殊标志所有人可以在与其公益活动相关的广告、纪念品及其他物品上使用该标志，并许可他人在国家工商行政管理部门核准使用该标志的商品或者服务项目上使用。

特殊标志的使用人应当是依法成立的企业、事业单位、社会团体、个体工商户。特殊标志使用人应当同所有人签订书面使用合同。

特殊标志使用人应当自合同签订之日起1个月内，将合同副本报国家工商行政管理部门备案，并报使用人所在地县级以上人民政府工商行政管理部门存查。

（4）特殊标志违规行为的处罚

特殊标志所有人或者使用人有下列行为之一的，由其所在地或者行为发生地县级以上工商行政管理部门责令改正，可以处5万元以下的罚款；情节严重的，由县级以上工商行政管理部门责令使用人停止使用该特殊标志，由国家工商行政管理部门撤销所有人的特殊标志登记：

①擅自改变特殊标志文字、图形的。

②许可他人使用特殊标志而未签订使用合同，使用人在规定期限内未报国家工商行政管理部门备案，或者未报所在地县级以上工商行政管理机关存查的。

③超出核准登记的商品或者服务范围使用的。

有下列行为之一的，由县级以上工商行政管理部门责令侵权人立即停止侵权行为，没收侵权商品，没收违法所得，并处违法所得5倍以下的罚款；没有违法所得的，处1万元以下的罚款：

①擅自使用与所有人的特殊标志相同或者近似的文字、图形或者其组合的。

②未经特殊标志所有人许可，擅自制造、销售其特殊标志或者将其特殊标志用于商业活动的。

③有给特殊标志所有人造成经济损失的其他行为的。

特殊标志所有人或者使用人发现特殊标志所有权或者使用权被侵害时，可以向侵权人所在地或者侵权行为发生地县级以上工商行政管理部门投诉，也可以直接向人民法院起诉。工商行政管理部门受理特殊标志侵权案件投诉的，应当依特殊标志所有人的请求，就侵权的民事赔偿主持调解；调解不成时，特殊标志所有人可以向人民法院起诉。

工商行政管理部门受理特殊标志侵权案，在调查取证时，可以行使下列职权，有关当事人应当予以协助，不得拒绝：

①询问有关当事人。

②检查与侵权活动有关的物品。

③调查与侵权活动有关的行为。

④查阅、复制与侵权活动有关的合同、账册等业务资料。

第六章　现代方法带队伍

❀ 引例

农村女孩开办的食府为啥越来越红火

班丰群的家，在广西乐业县的一个偏僻小山村，和其他农村家庭一样：贫穷、兄弟姐妹多，家里有8个孩子。她虽然是家中的老二，但从小独立性特别强。1980年，只有13岁的班丰群，念完小学后，因家境贫穷而辍学，带着5元钱从农村来县城"打天下"。

那时她没有什么手艺，找个工作异常困难，人家也不敢收童工。最后她看到市场上的鸡比家乡的鸡贵很多，就萌生了贩点鸡来城里卖的想法。从此她每天奔波于山村和县城，从村里收购活鸡，每天8只、10只，然后步行几十里挑到县城的集市去卖，没想到每只鸡的差价有一块多钱，一天有十几元进账，挣的比上班的人还多。卖了2年多的活鸡，挣了3 000多元。在那个时候，这个"成绩"对于一个不到16岁的小姑娘来说，是很难得的。

回家盖房子结婚还是继续做生意呢？在农村一般17岁的女孩子就要结婚，但是她最终"违背"了家人的意愿，租了一个"门脸房"，专门卖鸡，而这个小摊就成了她原始积累的起点。

1995年下半年，她在南宁市安吉大道旁开了一家食府，取名"银荔食府"。小食府只能摆下8张桌子，装修简陋，8张桌子挤得满满当当的。为了让客人吃得好，以扩大经营，她拒绝了让亲戚小孩过来打工的请求，而是拜托朋友到处挖厨师，招服务员。

她自己制订了一套招聘计划：厨师一个月500元，包吃不包住；服务员300元一个月，包一餐，两班制，轮休制。而她自己则充当老板兼收银和会计。厨师的任务是负责做菜，服务员要积极招呼客人，并打听客人的喜好，向老板反馈，老板根据服务员打听的结果，得出客人喜好的菜式，让厨师学习并推出新菜式。如果当月食府收入比上月增长10%，而大家又无过错，每人奖励50～100元，而且会选出优秀的员工奖励100元，其他无过错员工也奖励50元。她希望通过这种方法使厨师和服务员可以积极工作。

她的奖励制度吸引了很多人来试工，从中她挑选了最适合的人。而且她招的厨师对广西菜很熟悉，她也明白只有菜品有特色，才能吸引客人前来吃饭。于是在特色上下工夫，在大家的共同努力下，食府越做越大。而银荔食府的特色菜则是三七鸡。由于味道特别好，服务员的服务也很周到，一传十，十传百，她的店由8张台扩展到30几张台，里面坐不下的时候，就把桌子摆到外面。

2年后，银荔食府几乎在南宁家喻户晓。她不再满足于经营一家小店，希望有更大的发展。可是要扩张，就需要大量的人才，人员问题成为企业发展的障碍，企业员工有80%来自农村，如果光招人进来，没有经过培训，肯定会遇到很多问题。

班丰群开始对厨师、服务员、管理人员进行业务培训，进行规章制度学习和企业发展史的教育，提高人员素质，淘汰掉不能吃苦、素质不高的员工。而她自己也积极学习企业管理知识，重点关注人力资源管理这一块，她认为即使是农村小企业，也要学会知人善用，把员工管理好了，企业自然能挣钱了。

资料来源　百度文库/北京光华教育教学/农村案例，http：//wenku. baidu. com/view/12d5bd22bcd126fff7050b5f. html。

人力资源管理是企业管理的重要组成部分。所谓企业人力资源，就是指企业的全部劳动者的数量与质量。企业人力资源管理是对人力资源进行规划、招聘、培养、使用和组织等各项管理工作的总称。企业人力资源管理的目标是：使生产经营过程中人、事、物三者在时间和空间上达到协调，实现最优组合，做到人尽其才、物尽其用，充分调动人的积极性，实现企业的经营目标。

一、如何规划人力资源

人力资源管理规划又称为人力资源计划，是组织人力资源供给和需求的平衡过程，具体是指根据企业创业战略和发展规划，对企业未来的人力资源的需要和供给状况进行分析及估计，设置企业工作岗位、进行人员配置和教育培训、制定人力资源管理的政策和措施。为了适应组织环境的变化和技术创新，保证组织目标的实现，就必须加强人力资源规划，这对新创企业走向市场、健康发展尤其重要。

1. 制定人力资源规划的原则

（1）充分考虑企业内部、外部环境的变化

人力资源计划只有充分考虑内外部环境的变化，才能适应需要，真正做到为企业的发展服务。内部的变化主要指企业发展战略的变化、销售与开发的变化、公司员工的流动变化等；外部变化指社会消费市场的变化、政府有关人力资源的政策的变化、人才市场的变化等。为了更好地适应这些变化，在人力资源变化中应该对可能出现的情况做出预测和风险评估，最好能有面对风险的策略。

（2）确保企业的人力资源供给

企业的人力资源的供给保障问题是人力资源计划中应解决的核心问题，它包括对人员的流入和流出预测、人员内部的流动预测、社会人力资源流动分析、人员流动的损益分析等。只有保证了对企业的人力资源有效供给，才可能进行更深层次的人力资源管理与开发。

（3）使企业和员工都得到长期的利益

人力资源计划不仅是面向企业的计划，同时也是面向员工的计划，企业的发展和员工的发展是相互依托、相互促进的关系。如果只考虑企业的发展需要，而忽视了员工的发展，则会有碍企业发展目标的达成。优秀的人力资源计划，一定是能使企业员工获得长期利益，一定是能够使企业和员工共同发展的计划。

（4）建立企业健康长效发展机制

人力资源规划在企业各个管理职能中起到桥梁和纽带的作用，在所有的管理职能中，人力资源规划是最具战略性和主动性的。人力资源规划作为一种战略规划，着眼于为未来的企业生产经营活动预先准备人力，持续和系统地分析企业在不断变化的条件下对人力资源的需求，并开发制定出与企业组织长期效益相适应的人事政策的过程。它是企业整体规划和财政预算的有机组成部分。因此，对人力资源的投入和预测与企业长期规划之间的影响是相互的。

2. 人力资源规划的主要内容

所谓人力，可分为3个层次：高层，包括企业的主管人员、高级专业技术人员；中层，包括中级管理人员，中级技术人员、助理人员等；基层，包括领班、普通工人等。以上3个层次的人员中，高层人员的需求相对较少，而且人员的培养最为困难，而中层及基层的人员需求较多。企业人力资源规划常常与企业发展紧密相连，因为企业发展、经营规模扩大需要更多的人力，所以人力资源管理的主要责任是要通过培养或管理等方式，将中层人员培养为高层人员，将基层人员培养为中层人员，并不断招聘新人员。

人力资源规划的主要内容包括：

（1）制定人力资源总计划目标

其主要涉及人力资源计划的总原则、总方针和总目标，以及人力供需动态总体平衡、人力资源管理的主要制度设计等。

（2）预测未来的组织结构变化

预测未来的组织结构变化就是要预测企业的组织结构、岗位设置、岗位描述和岗位资格的变动及要求等。一个组织或企业经常随着外部环境的变化而变化，如全球市场的变化、生产技术的突破、生产设备的更新、生产程序的变更、新产品的问世等，这些变化都将影响整个组织结构，而组织结构的变化必然牵涉到人力资源的配置。

（3）制订人力供求平衡计划

其内容包括：①人员配置计划。要列出企业每个岗位的人员数量，人员的岗位变动，岗位空缺数量等。②人员需求计划。通过总计划、岗位编制计划、人员配置计划可以得出人员需求计划。需求计划中应列出需要的岗位名称、人员数量、希望到岗时间等。③人员供给计划。它是人员需求计划的对策性计划，主要列出人员供给的方式、人员内部流动政策、人员外部流动政策、人员获取途径和获取实施计划等。

（4）制订人员培训计划

人员培训计划的目的是为了培养人才，它包括两方面：对内挑选现有员工，加强对员工进行产品专业知识及工作技能培训；对外应积极猎取社会上少量的且未来急需的人才，以避免企业中这种人才的缺乏。主要培训内容包括教育培训需求、培训内容、培训形式、培训考核等。

（5）人力资源管理政策调整计划

要制定和完善有关人力资源管理的各项政策，对于修订的政策要明确其调整原因、调整步骤和调整范围等。

（6）人力资源投资预算

对于上述各项计划的项目，要做出费用估算。

3. 企业人力资源规划的步骤

（1）信息的收集、整理

需要收集的信息有：

①企业自身整体状况及发展规划，如产品结构、消费者结构、市场占有率、技术设备状况、生产和销售状况、资金情况、经营战略等企业自身的因素。

②人力资源管理的外部环境。主要包括：

a. 有关政策环境，如国家和地方的劳动保障法规政策。企业用工应符合有关政策，如我国《劳动合同法》规定：禁止用人单位招用未满16周岁的未成年人。企业拟订未来人员招聘计划时，应遵守这一原则，否则将被追究责任，计划亦无效。

b. 劳动力市场环境，如各工种的工资市场价位、供求情况等。这些外部因素是企业制定人力资源规划时必须考虑的条件。

③企业现有人力资源状况。这些状况有：各部门人数情况、人员空缺或超编情况，岗位与人员之间的配置是否合理，各部门员工的教育程度、经验程度、培训情况等。

（2）决定规划期限

根据收集的企业经营管理状况和外部环境资料，确定人力资源管理规划的期限。

（3）制定总体规划和项目计划

根据企业整体发展规划，运用各种科学方法，制定出人力资源管理的总体规划和各项目的计划。这里可以通过具体的业务计划使未来组织对人力资源的需求得到满足。

（4）完善人力资源规划

人力资源规划不是一成不变的，它需要随环境变化而做出调整，使其更切合实际，更好地促进企业目标的实现。在分析人力资源供给和需求影响因素的基础上，以定量分析为主，结合定性分析，对企业未来人力资源供求情况进行预测，以指导修订完善规划工作。

有关人力资源规划的整个过程可以用图6—1表示。

二、如何设置组织机构

企业组织机构设置就是企业根据公司平时正常运行和经营的各种需求，设置不同执行职能的部门机构，并对其职能和工作进行分配和要求，让各机构能履行其职责，相互协调，进行配合，成功完成公司计划的各项经营目标。

公司组织机构设置是否完善及组织机构之间的关系是否协调和有效率，直接关系到公司的管理效果。公司组织机构的基本框架通常是由法律直接规定，而具体的权力划分及细节的设置则需根据企业自身特点和需求加以完善。如何设置一个正确的企业组织机构是人力资源管理中非常重要

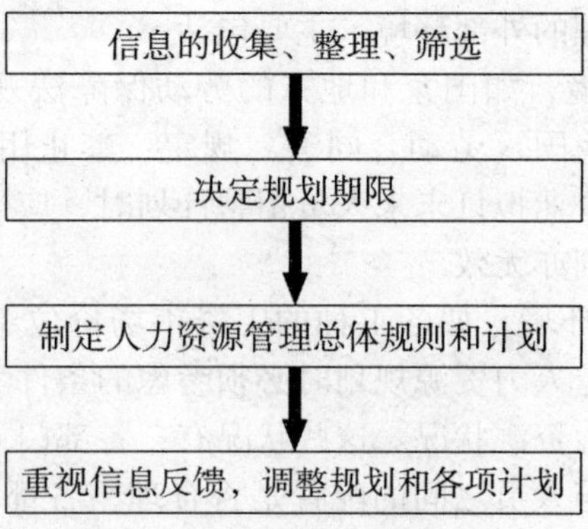

图 6—1　人力资源规划过程

的一个环节。

1. 企业组织机构设置应考虑的主要因素

（1）规模大小

大型企业，由于生产环节多、技术与管理专业跨度大，设备管理业务内容繁杂，工作量大，所以需要设计的机构和岗位较多。如总公司（或总厂）一级设置主管设备的副经理（或副厂长），在其领导下，分别设置总机械师与工程师直接领导的设备部、处等机构，各分厂设立相应的设备主管人员和职能机构。这类公司的机构设置选择应考虑较复杂、多层的机构类型。

小型企业生产环节少，技术与管理专业跨度小，设备管理业务内容较简单，工作量小，可由厂长直接领导或授权某副厂长领导设备系统（科、股）的工作，其组织机构设计相对简单。

（2）机械化程度

一般来说，生产机械化程度高、设备拥有量多的生产企业，由于设备管理与维修工作量大、技术复杂，设备管理机构分工细，机构设置要多一些，而拥有设备量较少的企业，可以不设专门管理设备的机构。

（3）生产工艺性质

像一些对生产工艺要求较大、对设备运行与完好要求十分苛刻、设备管理与维修工作量大的加工企业，设备管理机构相应要齐全一些；而对于一般的加工企业，设置的机构可相对少一些。

（4）协作化程度

生产经营的专业化、协作化、社会化程度较高，可以降低企业机构设置的复杂程度，如有的农产品加工企业，只生产一两个产品，就可以将运输等外包，销售直接委托经销商，其机构设计可以很简单。

（5）生产类型

在加工装配行业中，例如机器制造、家用电器等行业，由于生产类型（大量生产、成批生产、单件小批量生产）不同，设备管理机构的设置也有较大的差别。

2. 组织结构的种类与特点

（1）直线制组织结构

直线制是一种最简单的集权式组织结构形式（如图 6—2 所示），又称为军队式结构。其领导关系按垂直系统建立，不设立专门的职能机构，自上而下形同直线。这种组织结构的优点是：结构简单，指挥系统清晰、统一；责权关系明确；横向联系少，内部协调容易；信息沟通迅速，解决问题及时，管理效率比较高。其缺点有：缺乏专业化的管理分工，经营管理事务依赖于少数几个人，要求企业领导人必须是全才，当企业规模扩大时，管理工作会超过个人能力所限，不利于集中精力研究企业管理的重大问题。这种组织结构形式适用于规模较小或业务活动简单、稳定的企业。

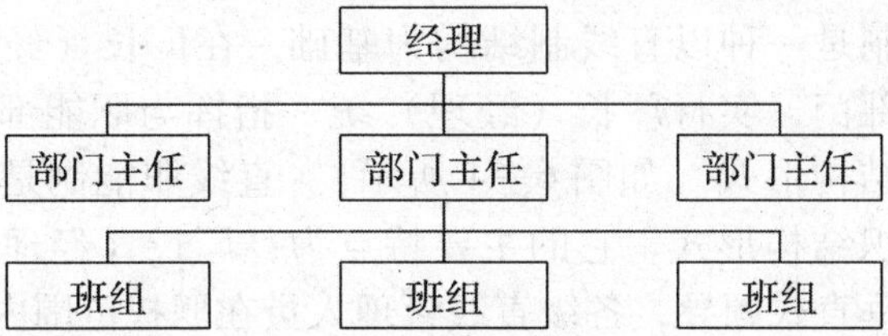

图 6—2 直线制组织结构

（2）职能制组织结构

职能制又称为分职制或分部制（如图 6—3 所示），指行政组织同一层级横向划分为若干个部门，每个部门业务性质和基本职能相同，但互不统属、相互分工合作的组织体制。这种组织形式，否定了企业领导人的个人集权制。在企业内部设立职能部门，各职能机构在自己的业务范围内都有权向下级传达命令和指示，即各级负责人除了要服从上级行政各领导的指挥以外，还要服从上级各职能部门的指挥。其优点是：能适应生产技术比较复杂、管理分工较细的工作；能充分发挥职能机构的专业管理作用，减轻直线领导人员的工作负担。其缺点是：多头领导，政出多门，妨碍企业集中统一指挥，不利于建立和健全各级行政负责人和职能科室的责任制，在中间管理层往往会出现有功大家抢，有过大家推的现象；一个下级单位往往要接受几个上级的命令，有时这些命令还相互矛盾，使得下级无所适从，影响工作的正常进行，容易造成纪律松弛，生产管理秩序混乱。由于这种组织结构存在明显的缺陷，现代企业一般不采用，多见于事业单位如学校等采用。

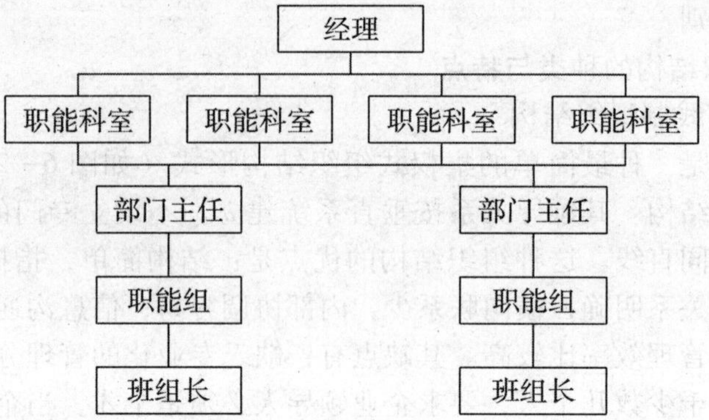

图 6—3　职能制组织结构

（3）直线职能制组织结构

直线职能制是一种以直线制结构为基础，在厂长（经理）领导下设置相应的职能部门，实行厂长（经理）统一指挥与职能部门参谋、指导相结合的组织结构形式（如图 6—4 所示）。直线职能制是一种集权与分权相结合的组织结构形式。它的主要特点为：厂长（经理）对业务和职能部门均实行垂直式领导，各级直线管理人员在职权范围内对直接下属有指挥和命令的权力，并对此承担全部责任。职能管理部门是厂长（经理）的参谋和助手，没有直接指挥权，它与业务部门的关系只是一种指导关系，而非领导关系。其优点有：既能保证统一指挥，又可以发挥职能管理部门的参谋、指导作用，弥补不足。其缺点在于：横向联系、协作困难。这种组织结构适用于规模中等的企业。随着规模的进一步扩大，将倾向于更多地分权。

（4）事业部制组织结构

这是一种在直线职能制基础上演变而成的现代企业组织结构，也称为分权制结构（如图 6—5 所示）。事业部制结构遵循“集中决策，分散经营”的总原则，实行集中决策指导下的分散经营，按产品、地区和顾客等标准将企业划分为若干相对独立的经营单位，分别组成事业部。各事业部可根据需要设置相应的职能部门。其优点有：权力下放，有利于高层管理人员从日常行政事务中摆脱出来，集中精力考虑重大战略问题。各事业

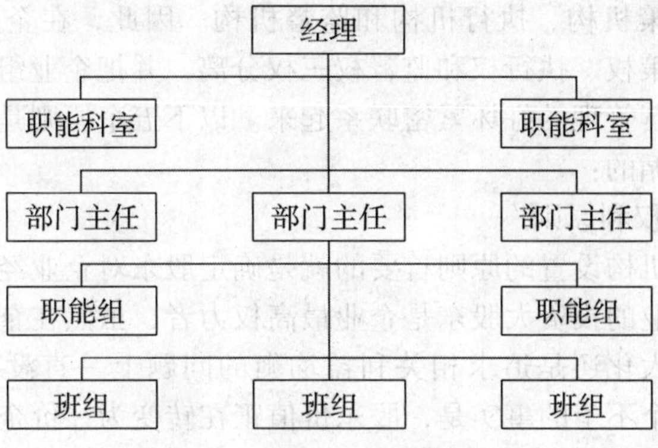

图 6—4　直线职能制组织结构

部主管拥有很大的自主权，有助于增强其责任感，发挥主动性和创造性，提高企业经营适应能力。各事业部集中从事某一方面的经营活动，实现高度专业化，整个企业可以容纳若干经营特点有很大差别的事业部，形成大型联合企业，各事业部经营责任和权限明确，物质利益与经营状况紧密挂钩。其缺点在于：容易造成机构重叠，管理人员膨胀；各事业部独立性强，考虑问题时容易忽视企业整体利益。这种组织结构适用于规模大、业务多样化、市场环境差异大、要求具有较强适应性的企业。

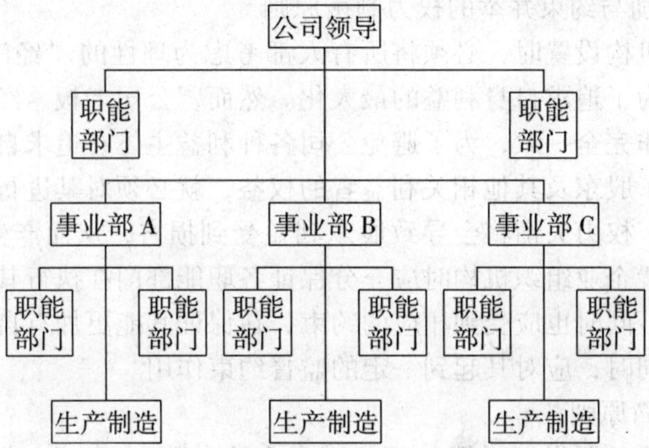

图 6—5　事业部制组织结构

3. 企业组织机构设置的原则

企业组织机构设置的原则是在企业总体规章制度的框架下构造组织机构，明确其各自的职权范围，协调相互运作关系，以期望实现企业管理目标所应遵循的基本精神和要求。一般说来，企业的组织机构包括三个部分的内容，即决策机构、执行机构和监督机构。因此，在企业的组织机构中，要实行决策权、执行权和监督权三权分离，并把企业组织机构成员的利益同企业经营管理的好坏紧密联系起来。以下五个原则是设置企业组织机构时应当遵循的：

（1）股东权利原则

企业组织机构设置的原则首要的就是确定股东对企业经营事务的最终决定权，即企业的投资大股东是企业最高权力者，虽然在企业的目的是追求股东价值最大化还是追求相关利益均衡的问题上一直没有一个统一答案，但存在一个不争的事实是，股东价值正在转变为评价企业的一个非常重要的标准。

（2）信息透明原则

信息透明不仅指在法律要求下公司把应有的信息公布于公众，让公众对公司的相关信息有所了解，还指公司内部相关信息的透明化，这主要是因为公司治理的一个难点就是信息不对称。不管是老板，或合伙人之间，还是每个员工和老板之间，都要保证信息的公开化，各部门都能受到相关的监督。公司设置的组织机构应该充分考虑到各部门能相互监督，并能保证其公司相关信息和指示顺畅，使各职能部门能快速准确地获得。

（3）激励与约束并举的权力制衡原则

在考虑机构设置时，必须将所有人都考虑为理性的“经济人”，其行为目的都是为了追求自身利益的最大化。然而，公司老板、经理和员工之间的利益并非完全一致，为了避免公司各种利益主体在追求自己利益最大化时，损害了股东及其他相关利益者的权益，就必须对其进行约束以达到权力的平衡。权力失衡将会导致股东利益受到损害，从而产生法律风险。因此，在设置企业组织机构时应充分保证各职能部门在执行其工作时拥有相应的权力，同时也应受到相应的约束，在保证其能更加有自主决策的主人翁意识的同时，应对其起到一定的监督约束作用。

（4）精简原则

机构设置只要保证设置的部门满足企业需要即可，以精求简，精干高效。

（5）灵活性原则

要最大限度地发挥组织员工的主观能动性，做到整体结构稳定、内部灵活，集权与分权、分工与合作要密切结合。

在选好适合自己企业发展和运行的组织机构后，往往需要运行一段时间。在运行过程中会暴露一些问题，还需要对设置的组织机构做一定的调整，只有这样才能保证企业在运行中得到更好的发展。

三、怎样招聘和配置人员

企业机构设置好后，下一步就是招收员工。招什么人，招多少人，怎样招聘，基本是依照企业人力资源规划和机构设置的部门职能确定下来的。招聘人才和合理配置员工是企业人力资源管理中两个重要的组成部分。

1. 人员招聘与配置的概念及关系

人员招聘是指企业在人力资源规划的前提下，根据实际工作需要，运用相关的方法和技术，如通过发招聘通知、进行面试、试用考核等方式，吸引并选择合适员工的过程。其环节是为确保企业能获得充足的职位候选人，并能以合理的成本从职位申请人中选拔出最符合企业需要的员工。人员招聘是组织及时寻找、吸引并鼓励符合要求的人，到本组织中任职和工作的过程，是人力资源管理、组织运作中的一个重要环节。通常有内部提升和外部招聘两种途径，两种方式各有优劣势。

人员配置是企业为了实现生产经营的目标，采用科学的方法，根据岗得其人、人得其位、才适其所的原则，实现人力资源与其他物力、财力资源的有效结合而进行的一系列管理活动的总称。

人员招聘与人员的配置是相互呼应的，招聘到企业各职能部门所需要的人才后，根据各个员工的能力和优点，与各个职位进行匹配，希望所招聘到的员工能更好地发挥其才能，这样才能保证所招聘到的人力资源能够得到更好、更高效率的运用。这样也有利于公司员工的发展和培养。从广义上讲，人员招聘包括招聘准备、招聘实施和招聘评估三个阶段；狭义的招聘即指招聘的实施阶段，其中主要包括招募、筛选、录用三个具体步骤。人员的招聘，是人员配置的前提，因为这一工作的好坏，不仅直接影响到人员配置的其他方面，而且对整个管理过程的进行，乃至整个组织的活动，也都有着极其重要和深远的影响。

2. 人员招聘与配置的原则与方法

（1）人员招聘的原则与方法

①人员招聘的原则。

a. 公正客观原则。人事部门及经办人员在人员招聘中，必须克服个人好恶，以客观的态度及眼光去甄选人员，做到不偏不倚、客观公正。

b. 德才兼备原则。人才招聘中必须注重应聘人员的品德修养，在此基础上考察应聘者的才能，做到以德为先、德才兼备。

c. 先内后外原则。在人才招聘中，应先从公司内部选聘合适人才，在此基础上进行对外招聘，从而充分运用和整合公司现有人力资源。

d. 回避原则。有才能的人才都应得到公司的重用，对于原公司员工介绍的朋友或亲戚，在招聘中，与这些人有关系的员工应进行回避，避免对招聘产生不公平的影响。

e. 员工来源分散原则。这主要是为了防止员工搞帮派、搞势力对立而产生不必要的矛盾，导致企业不易管理员工。

f. 新老员工兼收原则。起用有经验的老员工是因为其有工作经验，可减少培训成本，但不利于创新，不利于企业的发展和开拓；起用新员工有利于提高企业创造力和公司改革，加快公司发展，但过多的新员工将增加培训成本，不利于公司发展和稳固。

②人员招聘的步骤（如图 6—6 所示）。

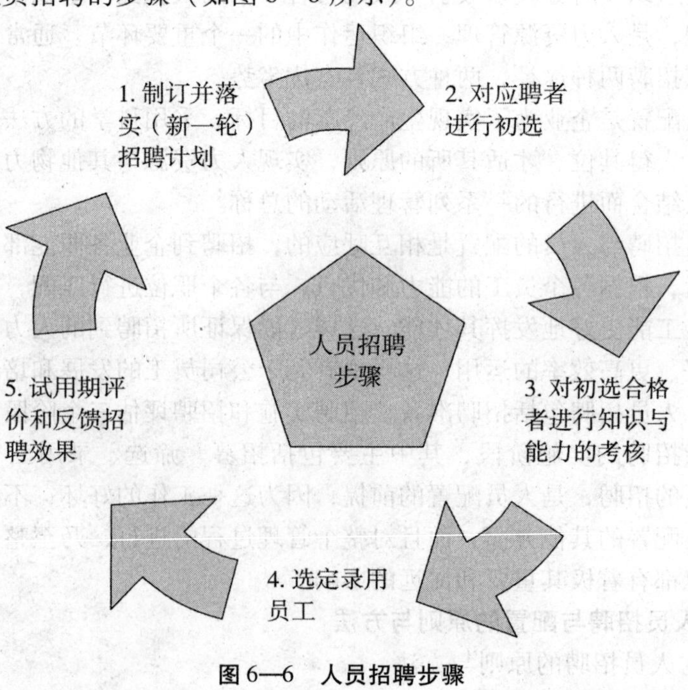

图 6—6　人员招聘步骤

a. 制订并落实（新一轮）招聘计划。根据企业职位的类型、数量、时间等要求确定招聘计划，同时成立相应的选聘工作委员会或小组，明确人才选聘的途径。选聘工作机构要以相应的方式，通过适当的媒介，公布待聘岗位的数量、类型以及对候选人的具体要求等信息，向组织内外公开招聘，鼓励那些符合条件的候选人积极应聘。

b. 对应聘者进行初选。当应聘者数量很多时，选聘小组需要对每一位应聘者进行初步筛选。内部候选人的初选可以根据以往的人事考评记录来进行。对外部应聘者则需要通过简短的初步面谈，尽可能多地了解每个申请人的工作及其他情况，观察他们的兴趣、观点、见解、独创性等，及时排除那些明显不符合基本要求的人。面试时应注意面试者的工作经历，审查他们的面试简历，让面试者更充分表现自己，注意面试者的个性特征，面试时间要恰当，不宜太久。

c. 对初选合格者进行知识与能力的考核。在初选的基础上，需要对余下的应聘者进行材料审查和背景调查，并在确认之后进行细致的测试与评估。

d. 选定录用员工。通过上述各项考核，算出每个候选人知识、智力和能力的综合得分，并根据待聘岗位的类型和具体要求决定取舍。对于决定录用的人员，最好由主管再一次进行亲自面试，并根据工作的实际与聘用者再作一次双向选择，最后决定选用与否。

e. 试用期评价和反馈招聘效果。最后要对整个选聘工作的程序进行全面的检查和评价，并且对新录用的员工实施试用期考评。考评可从品德、才能、出勤率、工作绩效、体能等方面进行。

③人员招聘的途径。

a. 外部招聘。外部招聘就是企业根据制定的标准和程序，从企业外部选拔符合空缺职位要求的员工，具体可以通过雇用职业介绍所、联系政府和社区的就业服务机构、刊登分类广告、在网络招聘平台上发布消息、参加高校招聘会等途径获得优秀的求职人才。外部招聘具有以下优势：可获得外部竞争优势；有利于平息并缓和内部竞争者之间的紧张关系；能够为组织输送新鲜血液；能给竞争者一个自我发展的空间。但外部招聘也有一些局限性，主要表现在：外聘者对组织缺乏深入了解；组织对外聘者缺乏了解；对内部员工积极性造成打击等。

b. 内部提升。内部提升是指企业内部成员的能力和素质得到充分确认之后，被委以比原来责任更大、职位更高的职务，以填补企业中由于发展或其他原因而空缺了的管理岗位。内部提升制度具有以下优点：有利于调动员工的工作积极性；有利于吸引外部人才；有利于保证选聘工作的正确性；有利于被聘者迅速开展工作。当然，内部提升制度也可能会带来一些弊端：可能会导致组织内部“近亲繁殖”现象的发生；可能会引起同事之间的矛盾等。

（2）人员配置的原则与方法

①人员配置的原则。

为了对企业人力资源进行有效合理的配置，应遵循如下原则：

a. 经济效益原则。制订企业人员配备计划要以企业需要为依据，以保证经济效益的提高为前提。它既不是盲目地扩大职工队伍，更不是单纯为了解决职工就业，而是为了保证企业效益的提高。

b. 任人唯贤原则。在人事选聘方面，要大公无私、实事求是地发现人才、爱护人才，本着求贤若渴的精神，重视和使用确有真才实学的人。这是组织不断发展壮大、走向成功的关键。

c. 因事择人原则。选聘员工应以职位的空缺和实际工作的需要为出发点，以职位对人员的实际要求为标准，选拔、录用各类人员。

d. 量才使用原则。根据每个人的能力大小而安排合适的岗位。人的差异是客观存在的，一个人只有处在最能发挥其才能的岗位上，才能干得最好。

e. 程序化、规范化原则。员工的选拔必须遵循一定的标准和程序。科学合理地确定组织员工的选拔标准和聘任程序是组织聘任优秀人才的重要保证。只有严格按照规定的程序和标准办事，才能选聘到真正愿为企业发展做出贡献的人才。

②人员配置的常用方法。

人才招聘到之后，就需要给他们安排合适的工作，只有把适当的人才放到适当的职位上，才能更好地发挥其才能和作用。人才配置的方法主要有以下几种：

a. 以员工为标准进行配置。按员工岗位测试的每项得分，选择最高分任用。其缺点是可能同时多人在该岗位上得分较高，结果仅选择一人。另外，该方法忽略了性格等因素，可能使优秀人才被拒之门外。

b. 以岗位为标准进行配置。从岗位需求出发，为每个岗位选择最合适的人。此方法组织效率高，但只有在岗位空缺的前提下才可行。

c. 以双向选择为标准进行配置。其就是在岗位和应聘者之间进行必要的调整，以满足各个岗位人员配置的要求。此方法综合平衡了岗位和员工两个方面的因素，切实可行，能从总体上满足岗位人员配置的要求，效率高。但对岗位而言，可能出现得分最高的员工不能被安排在本岗位上的情况；对员工而言，可能出现不能被安排到其得分最高的岗位上的情况。

（3）人力资源培训

人才招聘过来，一般不能够立即完全胜任岗位工作并为公司创造较大的价值，需要接受一定的培训，学习一定的岗位知识，提高其工作的能力。日本著名企业家松下幸之助曾说："企业第一是培养人才，第二才是制造产品。"员工培训在国外企业受到高度重视，因为企业教育培训是企业整体素质提升的基础，是留住人才的有效措施，是增强公司凝聚力的最有效的手段之一。企业人力资源培训有以下三种方式：

①在职培训，即在工作中培训，这是采用最广泛的一种培训方式。其主要包括：a. 指导。通过指导的方式激励受训员工，向员工提出应该如何操作的建议，如企业普遍采用的"师傅带徒弟"的方式。b. 工作轮换。就是让每个员工在不同的岗位上锻炼，每个岗位锻炼数个月，让其获得不同的工作经验。c. 企业与学校、培训机构合作办培训班，请老师来企业授课。

②脱产培训，就是让员工在一定时间内离开工作岗位去接受系统培训。这样可以保证学习时间，使员工集中精力，效果显著。这种培训应注意两个方面：一是培训内容的现代化，即所授课程要与时俱进，保证培训内容符合现代实际要求；二是培训方式的现代化，可以通过一些较为先进的设备，如投影仪、电脑等，开展多媒体教学。

③录用人员岗前培训，就是新招聘来的员工在上岗前进行培训。其目的是向新员工介绍其工作、工作环境及工作同事，使其能迅速熟悉业务流程，激励新员工的士气。通过全面地、设身处地地向新员工提供情况、信息，尽快消除新工作、新工作环境及新同事的神秘感。培训的主要内容有：

a. 熟悉工作内容、性质、责任、权限、利益、规范；

b. 了解企业文化、政策及规章制度；

c. 熟悉企业环境、岗位环境、人事环境；

d. 熟悉、掌握工作流程、技能。

四、怎样进行薪酬管理

1. 薪酬的概念及分类

（1）薪酬的概念

薪酬就是企业对员工劳动所支付的报酬。狭义的薪酬就是通常所说的工资，广义的薪酬既包括货币性工资和福利，又包括非货币性的精神奖励，如荣誉奖励、职位提升等。

（2）薪酬的分类

按照薪酬的性质，可以分为两种主要类型（如图 6—7 所示）：

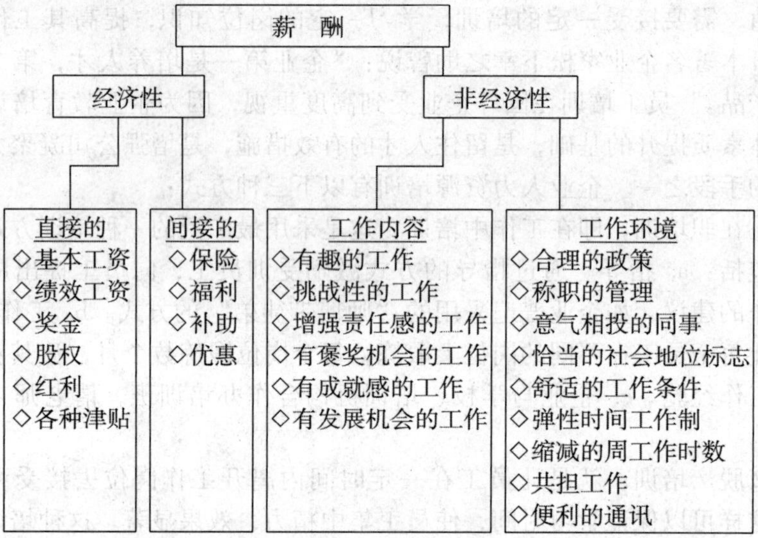

图 6—7 薪酬的分类

①经济性薪酬，包括直接货币薪酬、间接货币薪酬和其他货币薪酬。其中：直接货币薪酬包括基本工资、福利、奖金、奖品、津贴等；间接货币薪酬包括养老保险、医疗保险、失业保险、工伤及遗属保险、住房公积金、餐饮补助等；其他货币性薪酬包括有薪假期、休假日、病事假等。

②非经济性薪酬，包括工作、社会和其他方面。其中：工作方面包括工作成就、工作有挑战性、责任感等的优越感觉；社会方面包括社会地位、个人成长、实现个人价值等；其他方面包括友谊关怀、舒适的工作环境、弹性工作时间等。

（3）薪酬的构成

一般来说，企业员工的薪酬主要由以下 4 个部分构成：

①基本工资。

它是企业为已完成工作的员工所支付的基本现金薪酬。它反映的是员工工作或技能价值，而往往忽视了员工之间的个体差异。某些薪酬制度把基本工资看作雇员所受教育、所拥有技能的一个函数。对基本工资的调整可能是基于以下事实：整个生活水平发生变化或通货膨胀；其他企业对同类工作的薪酬有所改变；员工的经验进一步丰富；员工个人业绩、技能有所提高。

②绩效工资。

它是对过去工作行为和已取得成就的认可。作为基本工资之外的增加，绩效工资往往随员工业绩的变化而调整。调查资料表明，美国90%的公司采用了绩效工资。我国的广大企业在2000年前后开始的新一轮工资改革中也都纷纷建立了以绩效工资为主要组成部分的岗位工资体系。

③激励工资。

激励工资也和业绩直接挂钩。有时人们把激励工资看成是可变工资，包括短期激励工资和长期激励工资。短期激励工资，通常采取非常特殊的绩效标准。如美国有的企业，当员工某个季度达到一定的资本回报率目标，就可以得到一天或几天的奖励工资。而长期激励工资，则把重点放在雇员多年努力的成果上。高层管理人员或高级专业技术人员经常获得股份或红利。这样，他们会把精力主要放在投资回报、市场占有率、资产净收益等企业的长期目标上。

虽然激励工资和绩效工资对雇员的业绩都有影响，但两者有3点不同：一是激励工资以支付工资的方式影响员工将来的行为，而绩效工资侧重于对过去工作的认可，即时间不同；二是激励工资制度在实际业绩达到之前已确定，与此相反，绩效工资往往不会提前被雇员所知晓；三是激励工资是一次性支出，对劳动力成本没有永久的影响，业绩下降时，激励工资也会自动下降，绩效工资通常会加到基本工资上去，是永久的增加。

④福利和服务。

福利和服务包括休假（假期）、服务（医药咨询、财务计划、员工餐厅）和保障（医疗保险、人寿保险和养老金），福利越来越成为薪酬的一种重要形式。

构成总薪酬的除了以上4个部分之外，非货币的收益也影响人们的行为。其包括：赞扬与地位、雇佣安全、挑战性的工作和学习的机会。其他相关的形式可能包括：成功地接受新挑战，和有才华的同事一起工作的自我满足感。它们是“总薪酬体系”的一部分，并经常和薪酬相提并论。

2. 薪酬管理的内容

所谓薪酬管理，就是指企业针对全体员工所提供的劳动数量和质量来确定其应当得到的报酬总额和报酬形式的一个过程。薪酬管理主要包括以下几个方面：

（1）薪酬的目标管理

薪酬的目标管理即薪酬应该怎样支持企业的发展战略，又该如何满足员工的需要等。

（2）薪酬的水平管理

薪酬的水平管理即薪酬要满足内部一致性和外部竞争性的要求，并根据员工绩效、能力特征和行为态度进行动态调整，包括确定管理团队、技术团队和营销团队薪酬水平，确定各子公司和外派员工的薪酬水平，确定稀缺人才的薪酬水平以及确定与竞争对手相比的薪酬水平。

（3）薪酬的体系管理

薪酬的体系管理主要包括基础工资、绩效工资、期权激励的管理，还包括如何给员工提供个人成长、工作成就感、良好的职业预期和就业能力的管理。

（4）薪酬的结构管理

薪酬的结构管理即正确划分合理的薪级和薪等，正确确定合理的级差和等差，还包括如何适应组织结构扁平化和员工岗位大规模轮换的需要，合理地确定工资结构。

（5）薪酬的制度管理

薪酬的制度管理即薪酬决策应在多大程度上向所有员工公开和透明化，谁负责设计和管理薪酬制度，薪酬管理的预算、审计和控制体系又该如何建立和设计等。

3. 薪酬制度的设置

（1）薪酬制度设计应考虑的因素

①个人岗位因素，即考虑不同岗位、不同绩效表现和同岗位人员配备。

②企业因素，即考虑企业发展阶段、企业规模、企业盈利水平。

③外部环境因素，即考虑劳动力市场、地区、行业。

（2）薪酬制定设计应遵循的原则

①补偿性原则。要求补偿员工恢复工作精力所必要的衣、食、住、行费用，并补偿员工为获得工作能力以及身体发育所先行付出的费用。

②公平性原则。要求薪酬分配全面考虑员工的绩效、能力及劳动强度、责任等因素，考虑外部竞争性、内部一致性的要求，达到薪酬的内部公平、外部公平和个人公平。

③透明性原则。要求薪酬方案公开化，要让企业全体员工都了解。

④激励性原则。要求薪酬与员工的贡献挂钩。

⑤竞争性原则。要求薪酬有利于吸引和留住人才，有利于提拔优秀人才。

⑥经济性原则。要求比较投入与产出效益，将所付员工工资与企业获得利润联系起来。

⑦合法性原则。要求薪酬制度不违反国家法律法规。

⑧方便性原则。要求薪酬内容结构简明、计算方法简单和管理手续简便。

（3）薪酬管理的设计步骤

设计合理科学的薪酬体系和薪酬制度，一般需经历以下6个步骤（如图6—8所示）：

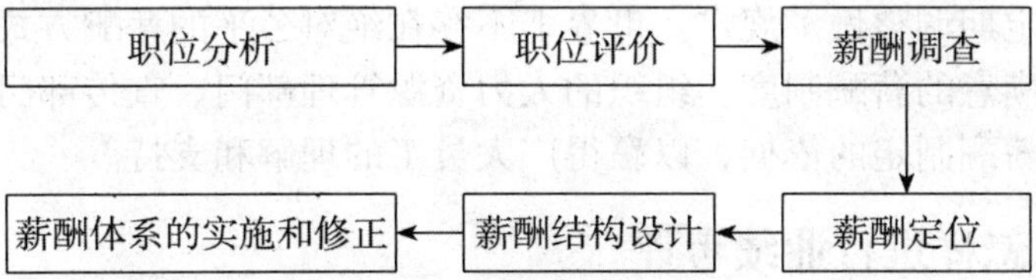

图6—8　薪酬制度的设计步骤

①职位分析。

职位分析是确定薪酬的基础。一个职位的产生一定有其必要性。这个职位也就是组织中人与事结合的一个平台，这个职位对员工的最基本的要求由组织工作流程及其任务所决定。不管谁来做，都最起码要达到这个标准。换句话说，只有达到这个职位的要求，才能登上这个平台。

②职位评价。

职位评价也称为工作评价，就是根据各职位对组织目标的贡献，进行综合比较，确定组织中各个职位的相对价值差异。它是薪酬级别设计的基础。职位评价重在解决薪酬的内部公平性问题。通过比较企业内各个职位的相对重要性得出职位等级序列，然后根据职位等级序列确定职工的薪酬水平。

③薪酬调查。

薪酬调查重在解决薪酬的对外竞争力问题。一个企业在确定自己的薪酬水平之前要进行薪酬调查，调查的对象最好是与自己有竞争关系的企业或同行业的类似企业，还包括当地劳动力的市场价格、居民消费水平等。

④薪酬定位。

企业在分析其他部门职工薪酬水平和当地劳动力的薪酬数据后，根据自身状况制定职工的薪酬水平。一般说来，企业的薪酬高于市场上的劳动力价格，这样才具有竞争力。

⑤薪酬结构设计。

企业薪酬结构设计往往要综合考虑3个方面的因素：一是职位等级；二是个人的技能和资历；三是个人绩效。在工资结构上与其相对应的分别是职位工资、技能工资和绩效工资，也有些企业将前两者合并考虑，作为确定一个人基本工资的基础。

⑥薪酬体系的实施和修正。

在制定和实施薪酬体系过程中，及时地沟通、进行必要的宣传或培训是保证薪酬改革成功的重要因素之一。从本质意义上讲，规范化的组织都对薪酬的定期调整做了规定。世界上不存在绝对公平的薪酬方式，只存在员工是否满意的薪酬制度。组织的人力资源管理部门、宣传部门应及时向员工介绍薪酬制定的依据，以赢得广大员工的理解和支持。

五、怎样进行业绩考评

业绩考评也叫绩效考评，是企业根据员工的岗位要求，对员工的工作业绩（包括工作行为和工作效果、工作态度）进行考察和评估。绩效考评是企业建立激励机制和监督机制的基础，通过考核和评价不仅可以了解企业员工的工作表现，而且可以帮助企业员工改进工作，促进企业健康发展。进行业绩考评，也是为薪酬管理、人事调整、招聘和晋升等方面提供必要的资料和依据。

1. 考评的程序

（1）绩效考评标准的制定

考评指标设定是否科学、全面、有效将直接关系到绩效考核的客观性和公正性，也会影响员工的工作积极性和员工间的关系，因此，设计考评指标应符合以下几个要求：

①通过努力在适度的时间内可以实现，具有时间性。

②指标是具体的、数量化的、行为化的，具有可得性。

③可衡量化，不论是与过去比、与预期比，还是与特定参照物比、与所花费的代价比较，都有可比性和可证明性。

④对不能量化的，要能描述细化，具有可说明性。

⑤经过多数员工认可，说服力强，具有可执行性。

⑥标准可以改变，即进行一个循环过程后，往往要调整原标准。

（2）绩效考评的程序

①确定考核周期。依据企业经营管理的实际情况（包括管理形态、市场周期、销售周期和生产周期），确定合适的考核周期，工作考核一般以月度为考核周期。每个周期进行一次例行的重点工作绩效考核。对需要跨周期才可能完成的工作，也应列入工作计划，进行考核。可以实行时段与终端相结合的考核方法，在开展工作的考核周期，主要考核其进展情况，已完成工作的考核周期，主要考核其终端结果。

②确定考核内容和考核者。由于企业中每个人的工作性质有所不同，工作岗位不同，对它们能力的要求也是有所不同的。因此，能进行绩效考核，必须针对每个人的不同情况，确定其考核内容和考核人选，做到一一对应。

③绩效考评具体步骤：

a. 人力资源部制定绩效考评办法，绩效考核标准必须以岗位分析中制定的岗位说明与岗位规范为依据，发放绩效考评表。

b. 员工以本人业绩与行为事实为依据，对本人逐项评分。

c. 直接主管以员工的业绩与行为事实为依据，对员工逐项评分并写评语。

d. 业务部门或职能部门进行综合评核打分，总评核后直接主管将考核结果告知员工。

e. 由直接主管与员工面谈并提出改进意见。

f. 季度或半年考核时，各业务部门或职能部门仅向人力资源部递交绩效考评分汇总表，考核表存在各业务部或职能部门。

g. 员工的年终考核分数汇总表交人力资源部存档，人力资源部对年终考核结果做出分类统计分析，报主管总经理签核，反馈给员工，起到激励和鞭策作用。

2. 考评的方式

常用的考评方式主要有：自我考评、他人考评和考试考评三种。

①自我考评是被考评人本人根据人事部门的考评要求和标准，定期对自己的工作情况进行评价。这种考评不一定能客观地反映被评定者的工作情况和业绩，有高估或低估自己的工作业绩的可能性，因此，企业一般不作为考评的主要依据。

②他人考评是第三者对被考评人的评价，包括上级考评、同事考评、顾客考评、下属考评四种方式。同事考评的范围较广，除了被评定者的上级以外的同事参加评定，这种评定的优点是同事的评价来自多方面的，互相比较了解，对被评定者的工作、素质、能力、水平等有一个全面的公正评价。许多企业把顾客也纳入员工绩效考评体系中。在一定情况下，顾客常常是唯一能够在工作现场观察员工绩效的人，此时，他们就成了最好的绩效信息来源。下属考评指下属员工对他们的直接主管领导的考评，一般选择一些有代表性的员工，用比较直接的方法，如直接打分法等进行考评，考评结果可以公开或不公开。

③考试考评是通过人事部门的笔试和面试的形式，对被考评者的知识、理论水平进行全面的测试评定。这种考评有一定的局限性，由于试题有限，只能掌握被考评者一个侧面，对被考评者的实践能力、动手能力无法考评，更多的是考评被考评者的理论水平。这种方式与其他方式的考评结合起来使用，会收到更好的效果。

3. 考评的原则

绩效考评是否科学客观，直接影响到考评结果的真实性和考评的质量，对考评工作来说是十分重要的。在绩效考评中应确立考评的基本原则，主要如下：

①公开和明确的原则。企业的考评标准、考评程序和考评责任都应当有明确的规定和制度要求，而且考评中要严格遵守这些规定和制度。同时，将这些标准的规定和制度在企业内向全体员工公开，便于员工互相监督，这样才能使员工对人事考评工作产生信任感，对考评结果也容易理解、接受。

②客观性原则。考评应当根据规定的考评标准，进行客观评价，尽量避免人为因素和感情色彩，要做到考评“用事实说话”。考评一定要建立在客观基础上，还要做到被考评者与考评标准作比较，而不是员工之间人与人的比较。

③定量化原则。衡量标准尽量做到定量化，尽量使用数字说话，同时，标准的定量必须准确。

④反馈原则。考评结果一定要反馈给被考评人，否则就起不到考评的教育作用。在反馈考评结果的同时，应当向被考评人就评语进行说明解释，肯定成绩和进步，说明不足之处，为其提供设定今后努力方向的参考意见。

⑤差异性原则。由于企业员工所处的岗位和职位不同，考核内容也不一样。一般来说，是以考评人员的工作内容为考评的主要项目，对企业一般员工主要从职业道德、技术水平和劳动成果等方面加以考评；对企业管理人才则主要从品德、能力、个性、成绩等内容进行考评，考评的等级之间应当有鲜明的差别界限，针对不同的考评评语在工资、晋升、使用等方面体现明显差异才能有激励性，鼓励员工的上进。

⑥结果公开原则。考绩的结论应对本人公开，这是保证考绩民主的重要手段。这样做，一方面，可以使被考核者了解自己的优点和缺点、长处和短处，从而使考核成绩好的人再接再厉，继续保持先进，也可以使考核成绩不好的人心悦诚服，奋起上进。另一方面，还有助于防止考绩中可能出现的偏见以及种种误差，以保证考核的公平与合理。

⑦结合奖惩原则。依据考绩的结果，应根据工作成绩的大小、好坏，有赏有罚，有升有降，而且这种赏罚、升降不仅要与精神激励相联系，还必须通过工资、奖金等方式同物质利益相联系，这样，才能达到考绩的真正目的。

4. 建立有效的激励机制

建立有效的用人、育人机制，充分尊重人才，爱护人才，强化“情商”管理，创造良好的人才成长环境，是人力资源管理的重要任务。为此，应着重抓好以下工作：

①要突出以人为本的管理机制。对其实行“目标式”管理，注重其职业生涯的设计，激励其自我发展提高。

②要强化培训。知识型人才对新知识有更多的追求，更注重自我发展提高。因此，要加大对他们的人力资本投资，建立健全人才培养机制，采取多种形式，创造更多的机会和条件让他们参加新知识、新技术培训，确保其人才价值增值。

③要建立一个多元化的激励体系。应实现各种激励手段的整合，既有物质激励手段，如工资、奖金、股权、各种津贴及其他福利等，又有精神激励手段，如荣誉奖励、鼓励职工参与管理、提拔晋升、工作轮换等。

第七章 千方百计搞营销

※ 引例

浙江象山梭子蟹品牌价格齐“双飞”

近日，象山县东陈乡旦门盐场的鑫亿鲜活水产公司内一片热闹景象，这边10余位穿着防水鞋、防水裤的工人刚将梭子蟹捆绑好，那边一筐筐的梭子蟹就被挂着天津、沈阳等地牌照的水产运输车运往全国各大城市。

“哪里有市场哪里就有象山梭子蟹，”鑫亿鲜活水产公司有关负责人自豪地说，“目前，象山梭子蟹已经占据了北京、天津、江苏、广州等地的各个大小市场。去年，‘中国梭子蟹之乡’荣誉称号和‘象山梭子蟹’地理证明商标的获得更是让象山梭子蟹如虎添翼，不但前来订购的客商多了，而且连价格也比以往高出许多。”据悉，今年象山县梭子蟹养殖面积达7.5万亩，预计总产量达4 000余吨。目前，象山梭子蟹的平均价格已达到120元/公斤，足足比去年每公斤高出40元，预计春节前后梭子蟹的价格还会继续走高。

“这其中除了今年梭子蟹海洋捕捞量有所减少的因素外，品牌效应也是一大重要推手，”象山县水产养殖技术推广站的有关负责人说，“品牌是产业发展的灵魂，有了‘中国梭子蟹之乡’和‘象山梭子蟹’两张王牌，象山梭子蟹的产业优势将会越来越明显。”

资料来源 http://www.foods1.com/content/897331/，2010-02-03。

梭子蟹再好，也只有卖出去了，水产公司才能赚到钱，赚到钱才能创品牌，有品牌才能卖高价。

新创企业碰到的一个首要问题就是如何销售产品，因为只有产品销售出去了，企业才可能获得收益。产品卖一个什么价钱，通过什么渠道销售，如何让更多人了解并购买，都是创业者必须重视的问题。创业者要为产品进入市场制订出一个行动计划，对各项活动分配预算，并列出各项活动的先后顺序，从而有计划地开展市场营销活动，以取得好的经济效益。

一、怎样对产品定价

价格通常是影响交易成败的重要因素，同时又是市场营销组合中最难以确定的因素。企业定价的目标是促进销售、获取利润，这就要求企业定价时既要考虑对成本的补偿，又要考虑消费者对价格的接受能力，从而使定价策略具有买卖双方双向决策的特征。

1. 影响产品定价的因素

（1）成本

在正常的市场环境下，成本应是定价的最低经济界限，是决定价格的基本因素。在市场竞争中，较低的成本在价格决定方面往往具有较大的主动性，易于使产品保持竞争优势，并能得到预期的利润回报。

企业成本可以分成固定成本和可变成本。固定成本不随销售量的变化而变化，如厂房、设备支出等；可变成本随销售量的变化而变化，如原料、包装支出等。商品总成本和单位成本都是随产销量变化的。在一定的技术和管理条件下，存在一个最佳的生产规模，企业按照这个规模投资建厂，组织生产，成本是最低的。这种规模经济不仅在生产过程中存在，而且在分销、广告等活动中也存在。另外，累计生产也会使成本下降，这是由于企业在生产过程中，不断积累经验，通过改进工艺、熟练操作过程、减少事故等，从而降低了成本。

（2）市场需求

不同价格水平会带来对商品不同水平的需求。一般来说，价格和需求变化的方向相反，也就是当价格上升时，需求量下降；当价格下降时，需求量上升。

体现价格与需求关系的一个重要指标是需求价格弹性。需求价格弹性说明需求的相对变化量和价格的相对变化量的关系，它是衡量需求量对价格变化反应灵敏程度的一个指标。不同的商品价格变化所对应的购买量的变动也不同。如某种产品的价格上升 2 元，原来是 10 元，那么，它的需求量就会由原来的 500 个下降为 450 个，即减少 50 个，则它的价格变化比率为：$2 \div 10 \times 100\% = 20\%$，它的需求量变化率为：$(450-500) \div 500 \times 100\% = -10\%$，它的需求价格弹性为：$-10\% \div 20\% \times 100\% = -50\%$。需求价格弹性一般是负数，说明需求量与价格呈反向变动关系。但也有极少数的“威望型”商品的需求价格弹性可能为正数，即表明其价格上涨，需求量反而会增加，如茅台酒。

当需求价格弹性大于-1 小于 0 时，即需求缺乏价格弹性，说明需求量变化的百分比小于价格变化的百分比。这类商品价格下降时，需求量虽然增加，但销售收入反而减少；价格上涨时，需求量虽然减少，但销售收入反而增加。当商品的需求缺乏价格弹性时，企业不宜采取低价策略。

当需求价格弹性为-1时，说明需求量变化的百分比等于价格变化的百分比，价格的变化不影响销售收入。

当需求价格弹性小于-1时，即需求富于价格弹性，说明需求变化的百分比大于价格变化的百分比。对这类商品，价格下降时，销售收入随需求量的增加而增加，价格上涨时，销售收入随需求量的减少而减少。当商品的需求富于价格弹性时，企业可考虑采用低价策略，通过薄利多销达到增加销售收入的目的。

（3）竞争

在很多情况下，创业企业在推出新商品时，市场上已经存在竞争对手的类似商品。这时企业在定价时，必须了解竞争对手商品的价格和质量水平。如果新商品的质量同竞争对手商品的质量接近，在企业声誉、促销宣传等方面大致相当的情况下，企业对新商品的定价以竞争对手商品的价格为基准，可以略低于竞争对手的价格。如果企业声誉比竞争对手高，企业在促销宣传方面的投入也比竞争对手大，企业可以定一个较高的价格。企业还必须估计竞争对手商品的成本。有时虽然竞争对手的商品在市场上的价格大大高于本企业新商品定价的下限，但是这也不能表明竞争对手的成本就比本企业高。如果创业企业盲目为新商品定低价，试图以此打击竞争对手，很有可能遭到竞争对手的报复，可能使创业企业陷入一场没有取胜机会的价格战当中，反而葬送了新商品的市场前途。

创业企业在新商品定价时也要考虑竞争对手的反应模式，有些竞争者属于从容不迫型，对别的企业推出新商品及其定价经常表现得无动于衷或反应迟缓，这时对新商品定价就有比较大的选择余地。有些竞争者则属于凶狠型，一旦市场上出现同类商品，一定会采取比较激烈的竞争手段。为此，在定价时一定要慎重，努力避免同对手的正面价格冲突。

有时创业企业推出的新商品在市场上尚无直接竞争对手，则定价的选择余地就比较大。但即使是这样，创业企业也必须考虑商品定价对未来市场竞争的影响，新商品定价越高，就越容易吸引竞争者开发新商品，市场竞争很快就会变得非常激烈。

（4）商品市场特点

①消费者购买频率。消费者购买频率即消费者在一定时间内购买某种商品的次数，购买频率影响着商品周转率。对周转率高的商品，应采用薄利多销的策略，如一般服饰较适用；而对于周转率低的高档服饰，可采用

高价策略，利润率要高一些。

②消费者心理行为。消费者因收入、职业、性格差异而对同类商品价格的接受程度有所不同，对高收入消费者可适当提高价格，而对低收入消费者可适当降低价格。

③商品自身特点。商品本身的质量水平，决定了定价的高低，特别是在服装行业更为突出。

④市场占有率。如果商品在竞争中处于优势，市场占有率较高，则可以采用适当提高价格的策略；反之，则应采取低价策略。

⑤经济形势。经济不景气时应采用低价策略，而经济景气时应采用较高的价格策略。

2. 产品定价策略

（1）高价定价策略

高价定价策略是以高价位来获取市场利润的一种定价策略。“拍立得”快速照相机刚上市时，只有一家公司销售此类照相机，所以该公司先推出一种昂贵的机种，专区销售获得大量利润后，再推出便宜的简单型机种。高价定价策略的成功条件是：有充足的市场需求；市场价格敏感度低，需求弹性小；产品品质及功能良好，能吸引消费者；高价不会吸引竞争者在短期内加入市场竞争；在小规模生产的条件下，仍有充足的利润。

（2）低价定价策略

低价定价策略是以较低的产品价格渗透性地打入市场，目的是在短期内加速产品成长，期望能获得大量的市场占有率。如“冰露”矿泉水一开始就是以低于同类产品50%的价格打入市场，销售量在短期内急剧上升，知名度迅速提升。他们大量生产，利用规模经济的效率，将产品成本大幅度拉低，一举抢占大量矿泉水市场，获得了绝对的竞争优势。但实施低价定价策略应具备以下条件：有足够的市场需求；高度的价格敏感度及需求弹性；大量生产能降低单位产品成本；低价是为了阻止潜在竞争者进入同类产品市场。

（3）组合定价策略

如果企业开发出一系列产品，且产品之间关联性很强，开发的主产品必须使用特定的专属产品，或在主产品使用过程中，附属产品也必须使用本企业开发的产品。对这种产品的定价策略是将主产品价位降低，甚至可以降到成本以下，以吸引更多的顾客；对配置的附属品采取高价策略，以获取尽可能多的利润。这种定价策略就是产品组合策略。例如，惠普公司就将打印机价格定得较低，而把墨盒价格定得较高。

(4) 折扣定价策略

折扣定价策略是指对基本价格做出一定的让步，直接或间接降低价格，以争取顾客，扩大销量。其中，直接折扣的形式有数量折扣、现金折扣、功能折扣、季节折扣等；间接折扣的形式有回扣和津贴。如某农场将蔬菜卖给批发商时，可以注明购买数量达到1 000斤以上，就可以享受9折优惠价。

(5) 差别定价策略

它是指对同一产品针对不同的顾客、不同的市场制定不同价格的策略。其种类主要有：以顾客为基础的差别定价策略、以产品为基础的差别定价策略、以渠道为基础的差别定价策略和以时间为基础的差别定价策略。如某水产养殖场可以按不同区域的顾客、按不同区域消费者的消费水平进行定价，同样的商品卖给市区居民时价格相对高一点，而卖给乡镇居民时价格相对较低。再如摩托罗拉手机，高端产品价格为7 000元左右，而低端产品价格仅200多元，这种差别定价就可以最大程度地满足各层级顾客的需求，降低顾客流失比率。

(6) 心理定价策略

它是针对顾客心理而采用的一类定价策略，主要应用于零售业。每一件产品都能满足消费者某一方面的需求，其价值与消费者的心理感受有着很大的关系。这就为心理定价策略的运用提供了基础，使得企业在定价时可以利用消费者的心理因素，有意识地将产品价格定得高些或低些，以满足消费者生理和心理、物质和精神等多方面的需求，通过消费者对企业产品的偏爱或忠诚，扩大市场销售份额，获得最大效益。如推出小包装产品，价格较低，让顾客产生产品很便宜的错觉，其实这样的产品利润率更高，而且同时也降低了购买的门槛，很容易使顾客产生购买的冲动。还可以把产品与服务等增值品组合后定价，比如电器类商品推出的加一点钱就可延长保修期或附赠其他商品等。

(7) 选择产品定价策略

它是指在顾客购买相关商品时，提供多种方案以供顾客选择，以鼓励顾客更多地购买商品。运用选择产品定价策略时，单独购买几件商品时的价格总和大于同时购买这几件商品的价格，实际上是一种鼓励消费者多购买商品的让利策略。

(8) 参考定价策略

它是以同类产品的平均价作为基准或以知名企业对该类产品的定价作为参照对象制定价格。比如，一个没有出租汽车的城市打算引进出租汽车，但又不知道该怎样定价，那么就先参考这个城市其他代步工具（比如公共汽车）的价格、性能、便利性等因素。比如，公共汽车的主要特点是，乘坐费用1元，不分距离，只行驶固定路线，平均每15分钟一个车次，必须按站点上下车，卫生环境较差……而出租车可以随时上下，可以按照指定路线行使……综合比较替代品后，出租车的优势较大，但当地经济并不十分发达，价格定太高可能会使民众无法承受，因此，通过决策最终把价格定在起步价5元（2.5公里），后每公里1.3元。这个价格可以让该区域内30%左右的消费者接受，还可以让大部分偶尔需要赶时间的人所接受。

3. 定价应注意的问题

❀ 小案例

低价——产品竞争力的陷阱

有一个小商贩从外地购进了一批做工精细、质量上乘的手工艺品。为了增加竞争力，小商贩把价格定在和其他同类手工艺品一样的水准，然而销路并没有比别人的更好，这让他很奇怪，因为这批手工艺品真的是非常精致、漂亮，于是他继续降低价格来销售，但是销路还是没有明显提升。一天，这个小商贩生病了，他委托同样做小生意的邻居帮他代卖这些手工艺品。但是，这个邻居在销售时把那个小商贩写的价格28元错看成了280元，结果手工艺品被一抢而空。原来，高价吸引来了大家的目光，而精美的商品又让大家觉得值这个价钱，从而使大家更相信商品的品质，认为该商品物有所值。还有一点就是他们卖货的地点是在富人区，这里的顾客对价值而非价格感兴趣。于是，合适的商品在合适的地点顺利地卖出了好价钱。

资料来源 http://info.ceo.hc360.com/2011/01/111046140719.shtml，2011-01-11。

从上面的小案例可以看出，商品定价不是越便宜越好，那样不但赚不到应得的利润，还可能费力不讨好，让顾客低估了商品价值。因此，把降价当做促销杀手锏的商家该反思一下了，因为你降价的同时失去的不仅仅是利润，还有宝贵的品牌形象。可能很多读者会说，不少企业都是以低价来获得市场份额及竞争力的，如格兰仕、纳爱斯、神州等。没错，他们是以低价取胜，但是他们的低价是以企业经营战略为基础的，低价并没有使他们失掉利润，也没有损害到品牌形象。比如格兰仕，因为成本控制得好，即使低价也有足够的利润空间，同时他们在其他方面，如产品质量、宣传推广等方面也都做得很成功，因此并未对品牌形象造成损害。低价是他们企业经营战略中的一部分，是经过深思熟虑的，而非盲目定价，因此，价格成了他们有力的竞争武器。

现在商家大多都只注重产品定位、品牌塑造、传播方式等，却忽视了商品价格的制定。其实，商品定价是很有学问的，合理的定价可以让你的产品获得更高的利润与市场认同。从以上的小案例中大家可以看出，商品低价不仅不是营销利器，有时还可能是一个看不见的陷阱，只有以整体营销战略，乃至经营战略的思维与高度来定出商品最适合的价格，我们的商品才最有竞争力，才能获得更大的市场和利润空间。

在产品定价过程中，我们还要避免走进一些定价误区，以下几点应当引起我们的重视：

（1）价格波动不可波及产品线中的其他产品

降价促销等调整产品价格行为一定要划出清晰的界限，不要让模糊的降价影响了其他产品的销售。涨价时也是一样，要明确区分开涨价产品和未涨价产品，不要给人以你的产品都涨价了，或都很贵的印象。如某定位低端的饭店，为了获得更高的利润，推出了几款高价格的菜品，因为未作明显的区分，混在其他菜品中，使顾客产生了这家饭店的菜都很贵的感觉。

（2）不可轻易上涨或下调价格

要认清这样一个概念：降价不仅容易损伤品牌的整体形象，而且一旦降价就很难再涨回去；而涨价也容易降低消费者对品牌的好感度，甚至产生严重的拒买现象。但并非绝对，很多商品通过成功的涨价提高了商品的价值感与品牌价值，而成功的降价也可达到大量增加销售及增强亲和力的作用，关键是要制定科学的定价策略并谨慎地进行价格调整，防止定价这柄利剑伤到自己。

（3）价格策略尽量多样化，并综合运用

单一地使用一种价格策略，会导致顾客产生反感。一直采用高价策略，则不利于一些滞后库存商品的流通，这时应适当地采用一定的折扣策略。如一些服装店会在将近夏季时将一些冬季的衣服按照一定的优惠价销售给顾客，就是为了避免库存积压过多，从而影响资金流转，不利于公司的开拓发展。当然一直采用低价策略也不利于产品在消费者心中产生较好的形象，会让消费者感到这并不是优惠，而是产品本来就存在着质量问题。

(4) 定价策略的制定一定要充分考虑各细分市场的特点

面对所有的细分市场，对同一产品制定统一价格的做法常常会失败。因为这没有充分利用各个细分市场的特殊性。假设一个公司将出售一台叉车给一个超市，该超市有一个大的配送中心仓库。其中，购买部经理可能更关心叉车的真实价格；维修工程师可能更关心叉车的维修费用；运输部的经理可能更关心运输费用；而配送中心仓库经理作为最终决定者，却需要综合考虑购买价格、维修费用、运输费用、安全环保等问题。在这里，每个角色都有自己不同的考虑。作为营销者就必须重点了解各个购买角色对价格和产品的看法。同时，还必须进一步明确谁是购买决策者、他最关心的是什么，这样才能使定价更好地符合各个购买角色的要求。

二、怎样进行分销渠道管理

分销渠道是指某种货物和劳务从生产者向消费者移动时取得这种货物和劳务的所有权或帮助转移其所有权的所有企业和个人，主要包括代理商、中间商、零售商以及分别处于渠道起点和终点的生产者和消费者。分销渠道策略就是使产品和服务以适当的数量和地域分布通过不同的渠道适时地满足目标市场顾客的需要。分销渠道策略主要涉及分销渠道及其结构；分销渠道策略的选择与管理；批发商与零售商及实体分配等内容。

1. 分销渠道类型

(1) 直接分销渠道和间接分销渠道

直接分销渠道，是指生产企业不通过中间商环节，直接将产品销售给消费者。直接分销渠道是工业品分销的主要类型。例如，大型设备、专用工具及技术复杂需要提供专门服务的产品，都采用直接分销渠道，消费品中有部分也采用直接分销渠道，诸如鲜活商品等。

间接分销渠道，是指生产企业通过中间商环节把产品传送到消费者手中。间接渠道是消费品分销的主要类型，工业品中有许多产品诸如化妆品等采用间接渠道。

(2) 长渠道和短渠道

分销渠道的长短一般是按通过流通环节的多少来划分的，具体包括以下四层：

①零级渠道，即由生产者将产品直接分销到消费者。如某农场将农产品直接销售给机关单位饭堂或宾馆酒家。

②一级渠道，即由生产者将产品分销给零售商，由零售商卖给消费者。如农户将其所种植的蔬菜先批发给农贸市场的小摊贩，再由各摊贩出售给消费者。

③二级渠道，即由生产者将产品分销给批发商，由批发商批发给零售商，最后再由零售商卖给消费者；或者是生产者卖给代理商，由代理商卖给零售商，最后再由零售商卖给消费者。二级渠道多见于消费品分销。

④三级渠道，即从生产者到消费者中间经历了代理商、批发商、零售商三个环节。其流程可以表示为：生产者—代理商—批发商—零售商—消费者。

可见，零级渠道最短，三级渠道最长。如某啤酒厂先将啤酒卖给各地区的代理商，再由代理商卖给批发商，然后批发商将啤酒批发给各零售商（如超市，酒店等），最后由各零售商卖给消费者，这是一条最长的三级渠道。

(3) 宽渠道与窄渠道

渠道宽窄取决于渠道的每个环节中使用同类型中间商数目的多少。企业使用的同类型中间商的数目多，产品在市场上的分销面广，称为宽渠道。如一般的日用消费品（毛巾、牙刷、开水瓶等），由多家批发商经销，又转卖给更多的零售商，能接触大量的消费者，能大批量地销售。企业使用的同类型中间商的数目少，分销渠道窄，称为窄渠道。它一般适用于专业性较强的产品或贵重的耐用消费品，由一家中间商统包，几家经销，使生产企业容易控制分销，但市场分销面受到限制。

(4) 单渠道和多渠道

企业的全部产品都由自己直接所设的门市部销售，或全部交给批发商经销，称为单渠道。多渠道则可能是在本地区采用直接分销渠道，而在外地则采用间接分销渠道；在有些地区独家经销，在另一些地区多家分销；对消费品市场采用长渠道，对生产资料市场则采用短渠道。

2. 分销渠道决策

(1) 设计分销渠道模式

设计分销渠道模式就是决定是选择短渠道，还是选择长渠道；是选择不经过中间商的直接分销渠道，还是选择经过中间商的间接分销渠道；是选择宽渠道，还是选择窄渠道；是只选择一种模式的分销渠道，还是同时选择若干种分销渠道。影响分销渠道选择的因素很多，企业在选择分销渠道时，必须对下列几方面的因素进行系统的分析和判断，以便做出合理的选择：

①产品因素。

a. 产品价格。一般来说，产品单价越高，越应注意减少流通环节，否则会造成销售价格的提高，从而影响销路，这对生产企业和消费者都不利。而对单价较低、市场较广的产品，则通常采用多环节的间接分销渠道。

b. 产品的体积和重量。产品的体积大小和轻重，直接影响运输和储存等销售费用，过重或体积过大的产品，应尽可能选择最短的分销渠道。对于那些运输部门规定的起限（超高、超宽、超长）产品，尤应组织直达供应。小而轻且数量大的产品，则可考虑采取间接分销渠道。

c. 产品的易毁性或易腐性。对有效期短、储存条件要求高或不宜多次搬运的产品，应采取较短的分销渠道，以尽快送到消费者手中，如鲜活品、危险品。

d. 产品的技术性。有些产品具有很高的技术性，或需要经常进行技术服务与维修，应以生产企业直接销售给用户为好，这样，可以保证向用户提供及时良好的销售技术服务。

e. 定制品和标准品。定制品一般由产需双方直接商讨规格、质量、式样等技术条件，不宜经由中间商销售。标准品具有明确的质量标准、规格和式样，分销渠道可长可短，有的宜由中间商间接销售，有的则可按样本或产品目录直接销售。

f. 新产品。为尽快地把新产品投入市场、扩大销路，生产企业一般重视组织自己的推销队伍，直接与消费者见面，推介新产品和收集用户意见。如能取得中间商的良好合作，也可考虑采用间接销售形式。

②市场因素。

a. 潜在顾客购买批量大小。购买批量大，则多采用直接销售；购买批量小，除通过自设门市部出售外，则多采用间接销售。

b. 消费者的分布。某些商品的消费地区分布比较集中，适合直接销售；反之，适合间接销售。工业品销售中，本地用户产需联系方便，因而适合直接销售；外地用户较为分散，通过间接销售较为合适。

c. 潜在顾客的数量。若消费者的潜在需求多，市场范围大，需要中间商提供服务来满足消费者的需求，宜选择间接分销渠道。若潜在需求少，市场范围小，生产企业可直接销售。

d. 消费者的购买习惯。有的消费者喜欢到企业买商品，有的消费者喜欢到商店买商品。所以，生产企业应既直接销售，也间接销售，以满足不同消费者的需求，从而增加产品的销售量。

③企业自身因素。

a. 企业实力。对于资金雄厚、信誉好的企业，可以自己组织分销队伍进行销售，可采用直接分销渠道，也可采取间接分销渠道销售；而资金缺乏、财力较弱的企业，只能依靠中间商，分销渠道势必要长些。

b. 管理能力。企业渠道管理水平也会影响企业渠道的长度与宽度。一般来说，假如制造商在销售管理、储运安排、零售运作等方面缺乏经验，人员素质也不适合自己从事广告、推销、运输和储存等方面的工作，最好选择长渠道与宽渠道。如果制造商熟悉分销运作，具有一定的产品分销经验，并具有较强的销售力量、储运能力，则不必依赖中间商，可选择短渠道与窄渠道。

c. 控制渠道的愿望。如果企业希望对分销渠道进行高强度控制，同时自身又有控制能力，一般采取较短较窄渠道的做法。如果采用中间商分销，一方面会使制造商的渠道控制力削弱，并且诸如市场调查、储存、运输、广告、零售等功能大多又是由中间商完成，极有可能导致制造商受制于中间商；另一方面也会使制造商分销受限制。

d. 企业的声誉及提供服务的能力。如果制造商声誉好，能承担大量的促销费用和提供展销、维修等广泛的售后服务，中间商就乐于代其销售；反之，中间商的积极性就不高，企业只好自己进行销售。

e. 企业经济效益的考虑。在选择分销渠道模式时，应比较各种渠道给企业带来的经济效益的大小。当预期直接销售的收支相抵后所取得的利润大大超过间接销售所取得的利润时，则应采取直接分销渠道销售；否则应采取间接分销渠道销售。

④政策规定。

企业选择分销渠道必须符合国家有关政策和法令的规定。某些按国家政策应严格管理的商品或计划分配的商品，企业无权自销和自行委托销售；某些商品在完成国家指令性计划任务后，企业可按规定比例自销，如专卖商品（如烟）、专控商品（控制社会集团购买力的少数商品）。另外，如税收政策、价格政策、出口法、商品检验规定等，也都影响分销途径的选择。

⑤经济收益。

不同分销途径经济收益的大小也是影响企业选择分销渠道的一个重要因素。其中销售费用和销售价格是两个主要要考虑的因素。销售费用是指产品在销售过程中发生的费用。它包括包装费、运输费、广告宣传费、陈列展览费、销售机构经费、代销网点和代销人员手续费、产品销售后的服务支出等。一般情况下，减少流通环节可降低销售费用，但减少流通环节的程度要综合考虑，要做到既节约销售费用，又要有利于生产发展和体现经济合理的要求。

生产企业以同一价格将产品销售给中间商或最终消费者时，若直接销售量等于或小于间接销售量时，由于生产企业直接销售时要多占用资金，增加销售费用，所以，间接销售的经济收益相对较高，对企业有利；若直接销售量大于间接销售量，而且所增加的销售利润大于所增加的销售费用，则选择直接销售有利。

在价格不同的情况下，生产企业应主要考虑销售量的影响。若销售量相等，直接销售多采用零售价格，价格高，但支付的销售费用也多。间接销售采用出厂价，价格低，但支付的销售费用也少。在选择分销渠道时，可以通过计算两种分销渠道的盈亏临界点作为选择的依据。当销售量大于盈亏临界点的数量时，选择直接分销渠道；反之，则应选择间接分销渠道。在销售量不同时，则要分别计算直接分销渠道和间接分销渠道的利润，并进行比较，一般选择获利的分销渠道。

⑥中间商因素。

a. 中间商的经销积极性。如果中间商愿意经销制造商的产品，同时不对制造商提出过多、过分的要求，企业会更愿意利用中间商，因此企业可选择长渠道与宽渠道的做法。

b. 中间商的上货条件。利用中间商的成本太高，或是中间商压低采购价格，或是中间商要求的上架费太多，就应考虑采用较短、较窄的渠道。

c. 中间商的开拓市场能力。如果中间商能够帮助制造商把产品及时、准确、高效地送达消费者手中，则可以选择较长、较宽的分销渠道；否则，应选择较短、较窄的渠道。

⑦宏观环境因素。

a. 总体经济形势。整个社会经济形势好，分销渠道模式的选择余地就大。当经济不景气时，市场需求下降，企业必须尽量减少不必要的流通环节，利用较短的渠道。

b. 国家的政策法规。国家的有关政策和法律等因素对分销渠道也有重要影响。如反不正当竞争法、反垄断法规、进出口规定、税法等，都会影响分销渠道的选择。如我国对烟酒、鞭炮、汽油、盐等产品的销售有专门的一些法规，对这些产品的分销渠道，就要依法设计。

（2）选择分销渠道成员——中间商

当企业选择好渠道模式后，就需要根据渠道模式，进一步选择具体的渠道成员——中间商来承担具体的分销任务。从生产制造商的角度出发，选择中间商可从以下八个方面来分析：

①成本。企业选择中间商首先要考虑的就是成本问题，如果选用某一中间商得不偿失，或效益低下，或成本太高，那么就不应该选择这一中间商。渠道成本就是企业建立、发展与维持渠道所需要的费用。维持费用包括推销人员的直接开支、中间商毛利、加成或佣金等；销售费用是产品出厂价和消费者最终支付的商品价之间的差额；中间商费用包括商品的储运、分销、获取信贷、地区性广告、销售代理权和谈判等项事宜所需要的费用。制造商一般选择那些能够承担一部分广告费用和其他销售促进活动费用的中间商，以减少企业的负担，降低销售费用。

②资金。生产企业要选择资金力量比较雄厚、财务状况良好的中间商。因为资金力量雄厚和财务状况良好的中间商不仅能及时付款，不拖欠，而且还能对有困难的制造商提供某些财务帮助，从而有利于扩大产品销路。

③控制。在营销活动中，选择的中间商不同，所享有的控制力也不同。一般来说，企业在其产品的分销渠道中涉入得越深，对渠道的控制力越大。企业对属于本企业的渠道固然会增大投资，因为毕竟最有利于控制。当销售渠道变得越来越长时，企业对价格、销售量、推销方式和零售形式等的控制力就会削弱。近年来由于市场竞争变得更为激烈，许多企业为了更及时地掌握市场变化，更加了解营销渠道的情况，以扩大其销量，增强对分销渠道的控制力。

④覆盖。一般而言，营销网络市场覆盖率高、覆盖面广阔的中间商，其产品推广与市场开拓能力也强。因此，企业应该尽量选择那些市场覆盖面大的中间商经销本企业的产品。占领广阔的市场区域，可以从各市场获得最大可能的销售额，确保合理的市场占有率和赢得令人满意的市场渗透。制造商通常希望中间商经销多品种商品，这样有利于扩大自己产品的

销售。制造商最好不要选择销售本企业竞争者产品的中间商，但如果本企业认为自己的产品有较强的竞争能力，则也可以选择出售竞争者产品的中间商经销自己的产品，使自己的产品在对比竞争中取胜；否则，不宜选用。

⑤特点。企业所选择的分销渠道必须适合企业本身的特点及其产品的特点，要考虑中间商的销售对象是否与企业所要进入的目标市场一致，即所要选用的中间商的经营范围，应该与生产企业的产品销路基本对口。例如，专门生产食品的企业，就应该选择食品超市或综合性商场来销售自己的产品；生产建筑机械的制造商，就必须物色熟悉建筑行业并懂得建筑机械的使用和维修的经销商。中间商的地理位置要有利于制造商产品的运输和储存，最好就位于购买这种商品的顾客能经常到达的地方，这也是企业选择中间商需要考虑的一个因素。

⑥连续性。在市场营销实践中，企业选择的一些中间商可能是一些小型中间商，如果这些中间商的经营状况不十分稳定，常常因为各种原因倒闭或转业经营，企业也就可能随之失去在该地区的市场。另外，有些批发商，特别是零售商，做生意缺乏连续性，商品走俏能赚大钱时，他们便乐于经销；但时隔不久，他们发现商品销路欠佳或利润较低时，就又会拒绝进货。因此，制造商选择中间商也须注意维持连续性，以便在整个渠道建立对厂家品牌的忠诚感；否则，中间商可能也会受某些条件的诱惑而转向其他供货厂家。

⑦信用。信用是指中间商的信用度的大小。在营销实践中，往往有些中间商的商品销售状况良好，但是回款能力却极差。对于这类信用度差的中间商就应当特别留意，否则企业会因资金周转不灵而陷入困境。

⑧能力。能力是指在对中间商进行评价、选择时要从其开拓市场的能力、营销能力、管理能力、提供技术支持与售后服务能力、商品的储存运输能力等方面进行考察。具体地说，中间商在销售过程中能否向顾客提供比较充分的技术服务与咨询指导，有没有既懂技术、又善于经营的推销、维修业务人员，这些都与产品的销路有密切的关系。尤其是销售某些技术比较复杂的商品时，更是如此。制造商一般要选择具有一定运输条件和储存条件的中间商。例如，经营鲜活商品应有冷藏或控温设备，经营有特殊要求的商品应有保管防护设备，还应有必要的或专用的仓库和运输车辆等。

(3) 激励渠道成员

中间商选定之后，还需要进行日常的监督和激励，使之不断提高业务经营水平。必须指出，中间商与制造商所处的地位不同，考虑问题的角度不同，必然会产生矛盾，如何处理好产销矛盾，是一个我们必须要考虑的问题。制造商要善于从对方的角度考虑问题，要知道中间商不是受雇于自己，而是一个独立的经营者，有他自己的目标、利益和策略。中间商首先是顾客的采购代理，然后才是制造商的销售代理，只有顾客愿意购买的产品，中间商才有兴趣经营。中间商一般不会对各品牌分别作销售记录，有些原始资料也不一定注意保存，除非给予特殊的激励。因此，制造商要制定一些考核和奖罚办法，对中间商的工作及时考核，并给予适当的奖励，必要时给予惩罚。对经营效果较好的中间商，应争取建立长期产销合作关系，也可派专人驻商店协助推销并收集信息。

运用得比较普遍的激励中间商的办法有直接返利、价格折扣、促销等物质及货币的激励方法，也可以通过帮助中间商更好地进行管理、销售来进行间接激励。

(4) 协调产销关系

制造商同中间商的关系主要有三种不同的形式：合作、合伙和分销规划。

①合作。多数制造商与经销商建立合作关系：一方面通过给中间商以高利润、特殊优惠、合作推销折让、销售竞赛等办法，激励其推销的热情和积极性；另一方面对表现不好的或工作消极的中间商予以惩罚，如降低利润率、推迟发货，甚至终止合作关系。

②合伙。较成熟的制造商一般与经销商建立合伙关系，并签订协议。在协议中明确规定双方的责任和权利，如规定经销商的市场覆盖面、市场潜量，以及应提供的市场信息和咨询服务等。根据协议执行情况，向经销商支付报酬。

③分销规划。分销规划是一种最先进的办法，它是一种把制造商和中间商的利益融为一体的“纵向营销系统”，以便于统一规划营销工作，如决定销售目标、存货水平、培训计划，以及广告和营业推广方案等，使产销双方协调一致地完成任务。

总之，产销双方是既互相依存又互相对立的关系，生产企业对中间商应贯彻“风险分担、利益共享”的原则，尽力使之与自己站在同一卖方立场，作为营销渠道的一员来考虑问题，而不是使他们站在与自己对立的买方立场。这样，就可减少与缓和产销之间的矛盾，双方密切协作，共同搞好营销工作。

（5）评估中间商业绩

渠道管理的最后一项工作是对渠道成员——中间商业绩的评估。每隔一段时间，制造商就必须考查和评估中间商的配额完成情况、平均库存水平、装运时间、对受损货物的处理、促销方面的合作，以及为顾客提供服务等情况。对表现好的予以奖励，对表现不好的予以批评，必要时可更换渠道成员，以保证营销活动顺利而有效地进行。

（6）分销渠道的组织管理

制造商和中间商由于各自所处地位和利益的不同而经常会发生矛盾；同一渠道的各个中间环节之间也会经常发生矛盾，这是传统渠道组织固有的弊病。因为传统渠道组织是一种松散的关系，由各自独立的制造商、批发商、零售商等组成，各自为政，没有统一领导和统一规划，因而经营效果不好。分销渠道的组织形式可以有效控制渠道行为，管理渠道成员，减少渠道冲突。

①垂直营销系统。垂直营销系统也称纵向营销系统，是由制造商、批发商和零售商形成的统一整体，它们统一规划，协调行动，服从于一个领导者。它包括三种类型：a. 统一垂直营销系统，也叫直营式垂直营销系统，这种形式是在单一所有权下把生产和分销这两个阶段结合在一起，实际上是一种产销一体化经营。b. 契约式垂直营销系统，由从事制造和分销的不同层次的相互独立的企业组成，它们以契约的形式联合起来。c. 管理垂直营销系统，由力量最强或规模最大的一方，来管理和协调制造和分销的各个环节，但不是以所有权或特许权的形式来管理。

②横向营销系统。同一层次的两个或两个以上的企业联合起来，利用各自的资金、技术、资源等方面的优势，共同开发和利用市场机会。

三、怎样促销

促销是指企业通过人员推销、广告、公共关系和营业推广等各种促销方式，向消费者或用户传递产品信息，引起他们的注意和兴趣，激发他们的购买欲望和购买行为，以达到扩大销售的目的。企业将合适的产品在适当的地点、以适当的价格出售的信息传递到目标市场，一般是通过两种方式：一种是人员推销，即推销员和顾客面对面地进行推销；另一种是非人员推销，即通过大众传播媒介在同一时间向大量顾客传递信息，主要包括广告、公共关系和营业推广等多种方式。

1. 促销策略的分类

根据促销手段的出发点与作用的不同，促销策略可分为两种：

（1）推式策略

推式策略即以直接方式，运用人员推销手段，把产品推向销售渠道。其作用过程为：企业的推销员把产品或劳务推荐给批发商，再由批发商推荐给零售商，最后由零售商推荐给最终消费者。该策略适用于以下几种情况：①企业经营规模小或无足够资金用以执行完善的广告计划。②市场较集中，分销渠道短，销售队伍大。③产品具有很高的单位价值，如特殊品、选购品等。④对产品的使用、维修、保养方法需要进行示范。

（2）拉式策略

拉式策略即采取间接方式，通过广告和公共宣传等措施吸引最终消费者，使消费者对企业的产品或服务产生兴趣，从而引起需求，使其主动去购买商品。其作用路线为：企业将消费者引向零售商，将零售商引向批发商，将批发商引向生产企业。这种策略适用于：①市场广大，产品多属便利品；②商品信息必须以最快的速度告知广大消费者；③对产品的初始需求已呈现有利的趋势，市场需求日渐上升；④产品具有独特性能，与其他产品的区别显而易见；⑤能引起消费者某种特殊情感的产品；⑥有充分资金用于广告。

2. 产品促销手段

（1）广告

①广告的作用。

广告指企业、公民或其他组织为推销商品、服务或观念，通过各种媒介和载体传播有关信息的方式。大众传播媒介刊播的经济信息和各种服务信息，凡收取费用或报酬的，均视为广告。其作用主要表现在：

a. 传达信息，沟通产需。广告能够把产品、劳务等信息传递给可能的顾客，迅速、有效地沟通产需，缩短产需之间的距离，加速产品的流转。

b. 创造需求，刺激消费。

c. 树立形象，利于竞争。当今的广告大战，从本质上说，是不同企业文化之间的较量和竞争。

d. 美化环境，陶冶情操。广告也是一门艺术，一则思想性和艺术性强的好广告，能给人以美的享受，陶冶人们的情操，提高人们的思想修养，还能美化市容和环境。

②广告的分类。

依据不同的分类标准，广告可以划分为不同的类型：

a. 按广告的最终目的，可分为盈利性广告和非盈利性广告，前者又称为商业广告或经济广告，后者称为非商业广告，包括寻人启事、招聘、征婚、挂失等广告形式。

b. 按广告的直接目的，可分为商品销售广告、企业形象广告和企业观念广告。

c. 按广告的对象，可分为消费者广告、工业用户广告、商业用户广告和媒介性广告。

d. 按广告的覆盖地区，可分为全球性广告、全国性广告、区域性广告和地方性广告。

e. 按广告的媒体，可分为报纸广告、杂志广告、广播广告、电视广告。此外，还有网络广告、邮寄广告、销售点广告、路牌广告等多种广告形式。

f. 按广告的诉求方式，可分为理性诉求广告和感性诉求广告。

g. 按广告效益的快慢，可分为速效性广告和迟效性广告。

h. 按商品生命周期，可分为开拓期广告、竞争期广告和维持期广告。

③广告媒体选择。

A. 主要广告媒体简介。

广告媒体是企业与广告宣传对象之间起连接作用的媒介物。广告媒体有很多，各种媒体在技术特征、传播特征、及时性、可保存性、信息量、选择对象能力、成本费用等方面各有利弊。了解不同媒体的特点，有利于制定合理的媒体策略。广告媒体主要有以下几种：

a. 报纸。报纸是覆盖面最广、目标受众最广泛的媒体，是人们了解社会、接受信息的主要信息渠道。报纸在编辑和发行方面都具有明显的优势，其版面大，篇幅多，权威性高，编排灵活，发行量大，成本费用较低，因此适合对多种商品和服务进行广告宣传。报纸的主要缺点是保存时间短，印刷质量和色彩不理想，商品的表现力较差。

b. 杂志。与报纸相比，杂志具有优越的保存性和较高的传阅率，而且杂志印刷精美，可充分施展广告设计技巧。此外，杂志的专业性较强，读者稳定、集中，适合刊登各种专业产品的广告。杂志的缺点在于其发行量有限，覆盖面较小，截稿时间较早，信息传递不够及时。

c. 广播。广播是一种广泛使用的听觉媒体，传播速度快，传播范围广，制作成本和投放成本较低。然而，广播的信息无法保存，目标受众多为农村消费者，其购买能力较低。但是，随着城市汽车的普及，消费者在车上听广告的机会可能大大增加，比如在交通拥挤的城市，交通电台大受欢迎。

d. 电视。电视是重要的视听型广告媒体，它能充分运用各种艺术手法，直观、形象地传递商品信息，具有很强的表现力和感染力。电视广告播放及时、覆盖面广、收视率高，适合于一般日用品和耐用品的广告宣传。电视媒体的缺点在于广告投放成本高，一般中小企业难以负担；此外，广告内容很难保存。

e. 因特网。作为最新的广告媒体，因特网由于成本低、信息传递的双向性和互动性强等优点，近年来在世界各国得到了迅速的发展。网络媒体传播的信息量丰富，信息传递的实时性强，广告效果易于统计和衡量。随着因特网的不断普及和上网人数的不断增加，网络广告将会得到更大的发展。

f. 其他媒体。其他媒体包括邮寄广告、户外广告、POP 广告、交通广告等。这些广告充分利用了灯光色彩、艺术造型等手段，集中在城市商业区、交通要道或公共场所以及商店现场，内容简洁易懂，因此能够较好地吸引消费者的注意力及提高广告内容的记忆度。

B. 选择广告媒体应考虑的若干因素。

a. 企业的广告目标。企业的广告目标即由企业的营销目标、促销目标而决定的对广告传播频次、传播范围和传播效果的要求。广告频次，是指在一定时间内，每位广告目标受众平均接触到广告的次数。传播范围即接触到广告的人数，是指在一定时间内，使一定市场中的多少顾客能接触或接受到广告信息。广告效果的评估难度较大，只能根据各种媒体的特点进行预测。其中，媒体的权威性、知名度和发行量等也是要着重考虑的因素。

b. 目标受众的特点。广告是广告主委托广告代理公司，通过广告媒体向目标受众传递信息的有偿的经济活动。因此，对目标受众的年龄、收入、社会地位、心理特征、消费偏好、生活习惯等方面进行观察和研究，有助于选择有效的广告媒体。例如，青年人接触得更多的是电视、广播等媒体，而中老年人习惯看报纸，专业人士则经常阅读杂志。此外，还要考虑各种媒体的覆盖面和投放费用。

c. 产品特点。产品的种类和特点不同，选择的媒体也不同。如技术复杂、科技含量高的商品适合于在专业杂志上刊登广告；中低档的大众消费品适合于选择在成本低、覆盖面广的报纸投放广告；而服装、化妆品、家电用品、装饰精品，则适合投放电视广告、杂志广告、户外广告、售点广告等。

d. 竞争对手广告策略。在同一广告媒体上刊登广告，容易受到相关商品广告信息的干扰，为了避免“广告噪音”对广告传播效果的负面影响，要密切关注竞争对手的广告投放频率、广告预算大小、广告诉求方式等等，从而制定出有效避免竞争的广告媒体组合。

e. 广告预算。企业的广告活动是一项促销费用支出，因此广告活动要量入为出，结合企业的销售收入和利润的大小制定合适的广告预算。企业不仅要分析广告成本与广告效果的内在联系，更要在广告预算许可的范围内确定广告总成本和广告嵌入成本，并且定期对广告的成本收益进行分析。

（2）人员推销

①人员推销的概念和形式。

人员推销是指企业通过派出推销人员向具有购买欲望的顾客作口头宣传和介绍，以推销商品的方式。人员推销是面对面的双向信息沟通，推销人员既可以将新商品的用途、特性、使用方法等信息传递给顾客，又可以在介绍商品的同时了解顾客对商品性能、规格、质量价格等方面的意见和建议，了解顾客的购买动机和特定要求。人员推销是一种成本很高的促销手段，而且其费用预算不容易进行大幅度的增减。

人员推销的设计可以采取三种形式：

a. 建立自己的销售队伍，使用本企业的推销人员来推销产品。在西方国家，企业自己的推销队伍的成员叫做推销员、销售代表、业务经理、销售工程师。这种推销人员又分为两类：一类是内部推销人员，他们一般在办公室内用电话等来联系、洽谈业务，并接待可能成为购买者的人来访；另一类是外勤推销人员，他们进行旅行推销，上门访问客户。

b. 企业可以使用专业合同推销人员。例如，制造商的代理商、销售代理商、经纪人等，按照其代销额付给佣金，西方国家的大公司甚至雇用国内外退休的高级官员当推销员。

c. 企业可以雇用兼职的售点推销员，在各种零售营业场合，用各种方式促销，如产品操作演示、现场模特、咨询介绍等。一般称这种促销员为售点促销小姐或促销先生等。他们按销售额比例提取佣金。

②人员推销的任务及其工作步骤。

推销人员的任务，主要包括：探寻市场，发现潜在顾客，传递信息，销售产品，收集情报，开展售前、售中、售后服务。

推销人员的工作程序一般包括以下几个步骤：

a. 寻找顾客，就是要想办法找到对所推销的商品感兴趣且有购买力的目标顾客。

b. 顾客资格审查，就是要挑选出那些既可以获益于所推销的商品，又有能力购买这种商品的个人或组织。

c. 约见，即推销人员事先征得顾客同意面谈的行动过程。

d. 接近，可以通过利用推销的产品本身、商品的实惠或利用赠品来引起顾客的注意和兴趣，以进入面谈。推销员接近顾客时，一定要信心十足，面带微笑。

e. 面谈。它是整个推销过程的关键性环节。要记住推销员与顾客面谈的黄金法则：不与顾客争吵。在面谈中顾客往往会提出各种各样的购买异议，如顾客自以为不需要推销的商品、自以为无钱购买推销品、自以为无权购买推销品、自以为不应该购买此种推销品、自以为推销品价格过高等。推销员处理购买异议时应注意语言技巧，如饮食店招待员把“您喝点什么?”改为选择问句“您是要咖啡，还是甜点心?”这样的问话使顾客感到难以完全拒绝，而“来点甜点心吧”和“来一杯咖啡吧”这样两句话却达不到那样的效果。

❀ **小案例**

农民王红刚推销新品种扁豆的技巧

王红刚，出生在上海郊县南汇泥城镇的一个农村家庭，16 岁初中毕业就跟着大人们一起干农活。1993 年春，王红刚到浦东新区的一个建筑工地打工。有一天，他经过一家农贸市场，看到地摊上摆满了蔬菜，问了价钱，居然卖到 2~3 元一斤，而自己家里一模一样的蔬菜卖 5 分钱也没人要，吃不完还拿去喂猪、喂牛，要不就往河里扔。

于是，回家种菜开菜场的念头在他的脑海中闪现。他当天就辞去了建筑工地的工作，花了 200 元钱买了扁豆种子。扁豆开花结果后，王红刚摘了几十斤扁豆到菜市场去卖，但是由于当地人还不知道这个青扁豆，所以一天下来都无人问津。王红刚没有气馁，他想了一下，应该是自己没有很好地销售自己的扁豆。于是，第二天他又到菜市场去卖，这次他大胆地吆喝起来，偶尔还会碰到有人来问，但是似乎他们都不想购买。到了第三天，王红刚有些坐不住了，如果再过两天卖不出去，扁豆就会老掉，到时再便宜都没有人要，只能白白倒掉。于是王红刚拦住了一个经过摊位的客人。他先跟那客人打招呼，与其交谈了一下买菜选菜的心得，并了解了该客人的喜好。最后，他问了该客人是否喜欢吃扁豆，出乎意料的是，该客人说他同村的村民都很喜欢扁豆，扁豆对于他们来说不仅仅是喜宴时的必吃食物，而且村民都偏好吃这一类蔬菜。王红刚又问该客人："看看我的扁豆如何，要不要买一些回家尝尝？"。该客人看了看他的扁豆，说："这种扁豆我从来都没吃过，也没有见过，这红红的样子不知道好不好吃。"客人的一席话点醒了王红刚，原来扁豆售不出去不是扁豆不好，而是客户不认识、不敢吃，所以要销售好自己的扁豆，就一定要先了解好自己的客户的喜好，以投其所好。

经过一番思考，王红刚想出了一个办法，他先去查阅此扁豆的特征，然后去餐馆点了此种扁豆，并与厨师交流了此扁豆的煮法。第二天一大早，他就把扁豆煮好，插上牙签，摆在摊位上请顾客品尝。这一招还真有效，有几个顾客吃过以后，就当场买了一些回去。为了扩大销路，他还给几个大的经销商送去几斤扁豆。到了第五天，积压了四天的扁豆终于在批发市场上一销而空，而压在王红刚心头上的一块大石头也终于落了下来。

经过此次的营销，王红刚决定以后主要做批发，而非零售。就这样，王红刚的扁豆打进了上海市场，让不少市民尝到了爽滑的青扁豆，客户也就越来越多。这时候，王红刚又动起了脑筋，他利用价格杠杆的原理，调节扁豆的市场价格。结果，王红刚的扁豆在上海市场的占有率达到了98%，成了整个扁豆市场的晴雨表，他还成立了红刚农副产品有限公司。

资料来源　阿平：《"扁豆大王"创业故事》，载《农村实用技术与信息》，2005（6）。

（3）营业推广

营业推广又叫销售促进，包括多种能在短期内迅速刺激需求、促成消费者购买新商品的沟通活动。其种类包括：

①针对消费者的营业推广。

针对消费者的营业推广可以鼓励老顾客继续使用，促进新顾客使用，动员顾客购买新产品或更新设备，引导顾客改变购买习惯，或培养顾客对本企业的偏爱行为等。其方式可以采用：

a. 赠送。向消费者赠送样品或试用样品，样品可以挨户赠送，在商店或闹市区散发，或在其他商品中附送，也可以公开广告赠送。赠送样品是介绍新商品最有效的一种方法，但费用也最高。

b. 优惠券。优惠券是给持有人的一个证明，证明他在购买某种商品时可以免付一定金额。

c. 廉价包装。廉价包装是在商品包装或招贴上注明其比通常包装减价若干。它可以是一种商品单装，也可以把几件商品包装在一起。

d. 奖励券。奖励券是指顾客可以凭券购买一种低价出售的商品，或者凭券免费获得某种商品或服务以示鼓励，或者凭券购买某种商品或服务时可以享受的一定优惠。各种摸奖、抽奖也属此类。

e. 现场示范。企业派人将自己的产品在销售现场当场进行使用示范表演，把一些技术性较强的产品的使用方法介绍给消费者。

f. 组织展销。企业将一些能显示企业优势和特征的产品集中陈列，边展边销。

②针对中间商的营业推广。

针对中间商的营业推广的目的是鼓励批发商大量购买，吸引零售商扩大经营，动员有关中间商积极购进或推销某些产品。其方式可以采用：

a. 批发回扣。企业为争取批发商或零售商多购进自己的产品，在某一时期内可给予购买一定数量本企业产品的批发商以一定的回扣。

b. 推广津贴。企业为促使中间商购进企业产品并帮助企业推销产品，还可以支付给中间商以一定的推广津贴。

c. 销售竞赛。根据各个中间商销售本企业产品的实际业绩，分别给优胜者以不同的奖励，如现金奖、实物奖、免费旅游、度假奖等。

d. 交易会或博览会、业务会议。

e. 工商联营。企业可以分担一定的市场营销费用，如广告费用、摊位费用，以建立稳定的购销关系。

③针对销售人员的营业推广。

鼓励销售人员热情推销产品或处理某些老产品，或促使他们积极开拓新市场。其方式可以采用：

a. 销售竞赛，如有奖销售，比例分成。

b. 免费提供人员培训、技术指导等。

（4）公共关系

公共关系是指企业为改善与社会公众的关系，促进公众对企业的认识、理解及支持，达到树立企业良好形象、促进商品销售的目的的一系列促销活动。任何一个企业或个人都处于某种公共关系状态之中。当一个企业有意识地、自觉地采取措施去改善自己的公共关系状态时，就是在从事公共关系活动。作为促销组合的一部分，公共关系策略的运用过程为：评估社会公众的态度，确认与公众利益相符合的个人或组织的政策与程序，拟订并执行各种行动方案，以争取社会公众的理解与接受。

①公共关系的原则。

a. 以诚取信的原则。企业要在公众心目中树立良好的形象，关键在于诚实。如果企业以欺骗的方法，吹嘘自己，必然会失去公众的信任。

b. 公众利益与企业利益相协调的原则。企业的生存和发展不能离开社会的支持，诸如劳动力、资金、生产资料的提供及政府的宏观调控。因此，企业在为社会公众提供优质产品、进行公关活动时，必须要将公众利益与企业利益结合起来。

②公共关系实施的步骤。

a. 调查研究。企业通过调研，一方面，了解企业实施政策后有关公众的意见和反应，并将其反馈给高层管理者，促使企业决策有的放矢。另一方面，将企业领导者意图及企业决策传递给公众，使公众加强对企业的认识。

b. 确定目标。一般说来，企业公关目标是促使公众了解企业形象，改变公众对企业的态度。具体地说，公关目标就是通过企业传播信息，转变公众态度，即唤起公众需求。必须注意的是，不同的企业或同一企业在不同发展时期，其公关具体目标是不同的。

c. 交流信息。企业通过大众传播媒体及其他交流信息的方式传播信息。可见，公关过程就是信息交流过程。

③评估公共关系结果。

评估的指标可以包括：

a. 曝光频率。衡量公共关系效果的最简易的方法是计算企业在媒体上的曝光次数。企业同时希望“报上有字、广播有声、电视有影”。

b. 反响。分析由公共关系活动而引起公众对产品的知名度、理解、态度方面的变化，调查这些活动前后的变化水平。

c. 效益，如统计其对销售额和利润的影响。

④公共关系的主要方法。

a. 密切与新闻界的关系，吸引公众对某人、某产品或服务的注意。

b. 进行产品宣传报道。

c. 开展企业联谊活动。

d. 游说立法机关与政府官员。

e. 支持相关团体，赞助相关的活动。

f. 公众舆论调查与信息反馈。

g. 与广告商合作。

h. 处理顾客抱怨。

i. 编写案例，总结经验。

j. 安排特别活动。

（5）营销组合策略

①营销组合的概念及特征。

A. 营销策略组合的含义。

许多企业在营销实践中认识到，必须对企业的各种营销策略围绕统一的营销目标加以有机组合，才能使营销活动取得成功，并降低营销的成本。美国市场营销学家杰罗姆·麦卡锡将各种营销因素归结为四个主要方面，即产品（Product）、价格（Price）、渠道（Place）和促销（Promotion），也就是通常所说的"4P"营销策略。企业的营销策略主要围绕这四方面形成不同类型的策略组合。

B. 营销策略组合的特征。

无论哪种方式的营销策略组合都体现了现代企业的一种经营思想，即不是将其可控因素分散地、随意地使用，而是让它们按照一定的营销活动规律组合起来，使其能产生较强的综合效应。企业可根据环境的不同，对各种营销组合灵活地加以调整，以适应在各种环境条件下有效地实现企业的营销目标。营销策略组合具有以下一些基本特征：

a. 整体性。各种营销策略必须在企业营销目标的指导下组合成统一的整体，相互协调、相互配合，形成较强的合力。在实际运用时，各种个别营销策略之间既有可协调的一面，也有相排斥的一面，如新产品的开发，由于成本增大，可能会给制定有效的价格策略带来影响；以价格优惠的手段来进行营业推广，则可能使产品的品牌声誉下降。所以企业各营销职能部门在采取某项个别的营销策略时必须考虑该策略可能对其他营销策略的效应产生的影响。作为企业的营销策略组合更必须权衡各种策略运用时所产生的正反效应，并将它们控制在一定的程度，以使营销策略的组合能产生最佳的整体效应。

b. 复合性。复合性即每一项营销决策都体现了几种营销策略在不同层次上的相互复合。如从总体上讲，企业的营销活动包含了产品、价格、渠道、促销四大基本营销策略的组合，而每一项营销策略又包含着广告、人员推销、营业推广和公共关系等具体手段。对于每一项具体的营销手段来说，还可能包含更具体的营销技巧。所以，每一项营销决策都是四种基本营销策略的组合，更是各种营销策略中具体营销手段和营销技巧的复合运用。

c. 灵活性。正由于营销策略组合是各种营销策略、手段和技巧的复合运用，所以围绕不同的营销目标，面对复杂多变的营销环境，企业营销策略的组合也必须是灵活多变的，这样才能适应各种营销目标和营销环境的需要。营销策略组合的灵活性要求企业面对各种市场情况，应准备多套营销组合的方案，灵活地加以运用，而绝不能墨守成规、一成不变。

d. 主动性。营销策略从本质上讲是企业对其内部的可控因素加以组织和运用的方式，所以企业对于营销策略组合的选择和运用应当具有必要的主动性。这一方面要求企业在营销活动中应拥有充分的自主权，不应过多地受到外界的各种干扰；另一方面也要求企业应根据市场环境的变化，对营销策略组合进行积极的调整，去适应营销环境，甚至促使营销环境中的某些因素向有利于企业的方向发展，变不可控因素为可控因素。

②营销预算。

营销预算，是企业计划管理的重要组成部分。通过营销预算，对各项营销活动的效果和效益进行估测、评价，并决定哪些营销活动可以做，哪些不可以做。营销预算一般由三大部门预算组成：市场部预算、销售部预算和配送部预算。当然，组织架构复杂的企业还会有其他部门预算。

A. 制订营销战略方案。

营销战略是需要分解的，分解到每个具体产品上、分解到每个具体传播活动中、分解到合作伙伴的合作模式中、分解到每个员工的实际行动中。

只有有效分解的营销战略才能发挥作用，由此企业才能称得上“有所为，有所不为”。大体上讲，企业应该利用一些分析工具把营销战略的所有内容扎扎实实地分解到每个细节中，见表7—1。

表7—1看上去很简单，但这是考验企业营销人员真功夫的关键环节。因为要把营销战略报告里的所有内容全部分解到这张表上，而且认认真真地策划相关细节是十分辛苦的。营销战略分解完了，再看这些具体的活

动，就能知道这一年大概要花多少钱才能实现企业的战略目标。这是一项很务实的行动，也能让预算有理有据。

表 7—1　　　　　　**营销战略分析工具**

战略项目	实施活动	活动目标	责任人	实施时间	评估标准	费用估算
×××	1.					
	2.					
	3.					
×××	1.					
	2.					
	3.					

B. 制定预算的原则。

a. 重点集中，整体盈利。我们不要忘记营销的两个本质性的问题：资源有限和盈利。任何一家企业制定预算，不可能想定多少就定多少，因为资源有限；任何一家企业也不可能年年制定一个赔钱的预算，因为股东不同意。所以，分解战略后，为那些具体活动制定预算时，一定要分析清楚这些活动对战略的意义，采取重点集中的原则，确保关键活动脱颖而出，从而确保企业的整体盈利。如果一家奶牛公司发展纯牛奶的战略具有决定性的意义，那这个公司的预算就不要过多考虑什么乳酸饮料或奶酪。

b. 控制上下限。做预算允许有一定的浮动性，即有一个上限和下限，在这个范围内可以灵活使用。一般情况下，预算的下限主要是考虑本企业历史预算数据，如以近 3 年实际费用平均值为下限。预算的上限则主要考虑市场环境和竞争强度。预算上限由于考虑因素多，所以较难确定，通常遵循两个原则：一是遵循盈利原则，即困难再大，也要保证赚钱。二是考虑活动对战略的意义有多大。如果意义重大，上限就要定得高一点；如果意义一般，就要定得低一点。

c. 兼顾其他预算。做预算，不能只顾营销预算，还要考虑生产成本和其他费用（如管理费用、财务费用）等。因为生产成本和其他费用的高低会直接影响利润和营销费用的比例，所以，在制定营销预算时，要与生产成本预算和其他费用预算结合起来考虑。

d. 留有不可预见费用。企业为了应对一些不确定因素，做预算必须要留有一定比例的不可预见费用。留有不可预见费用并不意味着给营销人员提供一个乱花钱的机会，必须要规定提取方法和比例。通常情况下，有两种提取方法：一是按总营销预算的一定比例提取；二是按战略项目风险系数的高低提取。

③营销组合策略的制定。

营销组合策略是指企业针对目标市场，对可采用的各种营销策略进行优化组合的综合策略。在制定营销组合策略时，要考虑以下几方面的因素：

A. 营销目标。

众所周知，企业必须依靠市场才能获得生存和发展。成功企业的经验是：让“营销”挂帅，让企业的其他职能（如生产、财务、人力资源、研发）都接受营销职能的统率和制约，如此，企业的目标才能顺利实现。

在设定企业中长期营销目标时，不应仅仅在既定的市场、技术及组织内专注于运用营销策略去适应市场和竞争者，而应该根据“企业存在的价值和使命”去选择具有竞争优势的市场。因此，企业营销目标的设定要能反映企业的理念和使命。

❀ **小案例**

廖慧兰的农产品超市营销策略

廖慧兰出生在宁都县一个农民家庭，是赣南师范学院中文系的大学生。在大学期间，廖慧兰读书勤奋努力，创业的梦想也犹如火焰般在心中燃烧。在大一下学期，廖慧兰就和家人在赣南师范学院后门租了个摊位，做起了卖水果的生意。廖慧兰告诉记者，做水果生意之初主要是想锻炼自己吃苦耐劳的品质。但她万万没想到的是，水果生意竟然会成为她今后成功创业的一个起点。

水果生意越做越好，为廖慧兰创业积累了资金，也成了激励廖慧兰继续创业的动力。2008 年 3 月，在朋友和家人的鼓励和支持下，廖慧兰在学校后门投资开了一个面积仅 30 多平方米的小型超市，专门销售农产品。筹办超市之初面临着种种困难，如选择什么样的店面、如何选择店面等。经过一番考察分析，为了不影响自己的学习，廖慧兰决定将店面选在学校后门。

要经营好自己的超市，就要有很好的营销方法。为此，她特地向营销系的同学请教，并借阅了很多营销方面的书籍阅读参考。在店面设计和营销方面，她做了以下工作：

第一，将超市面向街道的一面全部装修成透明的玻璃墙，将超市的经营理念定制宣传标语贴于玻璃墙上。标语突出了超市的经营宗旨——“绿色、新鲜、无公害”，起到了比较好的宣传效果。由于玻璃透光性较好，贴在里面的商品宣传单从外面看也能比较清晰，而且有了玻璃的保护，宣传单也能保持得更长久，从而起到了更好的宣传作用。

第二，在超市设立促销专区吸引客人，将搞促销活动的农产品集中放在一起，方便顾客选购。

第三，小超市利用现有的资源，合理布置经营场所，以满足经营的需要。在各分区内，商品摆放得井井有条，一些难以放置货架的狭小空间也堆放了相应的商品，充分利用了空间。

第四，柜台醒目。较高档的农产品都放在木柜货架和玻璃柜台内，与标价签一一对应，一目了然。

第五，适当利用“捆绑”营销，把好销的农产品与不好销的农产品捆绑起来一起销售。

第六，实行消费积分制，1 元积 1 分，积够 200 分、500 分等送相应的礼品。

资料来源　农村创业网，2009-12-03。

B. 评估营销目标的优先顺序。

企业想达到且有能力达到的营销目标可能有很多，但受资源限制，企业往往无法同时达成多项目标，因此，有必要按优先顺序对可能的各项目标进行排序。如何确定各项目标的优先顺序呢？虽然每个营销人员都有自己的判断标准，但是，在一个成熟的市场上，我们可以从目标对客户导向及竞争导向的贡献度来优先选出你的营销目标。

a. 客户导向。客户导向强调的是客户的需求与欲望，企业应该尽量让客户得到最大程度的满足。企业生产出来的产品必须是客户需要且买得起的东西，而不是企业最有能力生产的东西。

b. 竞争导向。在充满竞争的市场环境里，竞争者的攻防策略可能会给本企业带来很大的影响。因此，掌握市场动态、密切关注竞争者或潜在竞争者可能的攻击举动，努力建立并维持相对的竞争优势也是当今的企业在设定营销目标时的一个努力方向。

C. 消费者在购买决策准备过程中所处的阶段。

通常情况下，消费者对许多类型的购买行为都要做出决策。比如，在购买之前，消费者就要确定买什么商品、买哪种牌子的、买多少、到哪里去买等等；在购买过程中要选择品牌、衡量价格水平、确定购买型号等；在购买之后还会体会到某种程度的满意或不满意，从而影响到以后的购买行为。消费者在购买产品或服务过程中所经历的以上步骤就是消费者的购买决策过程。

在消费者行为中，营销人员最需要了解的就是消费者怎样做出决策。因为消费者购买决策的做出是反映其对企业产品认同及接受程度的最为直接的表现。一般情况下，消费者之所以决定选择某种产品，是因为他相信该产品比其他竞争品牌能给他带来更大的价值。这种价值更多地取决于消费者对该产品的感知价值，而不一定是产品的实际价值。所以，在消费者的整个决策过程中，他们的感知和认知起着决定性的作用。

消费者在对产品的整体评价过程中所利用的知识和信念既可能是当前环境中出现的，也可能是记忆中被激活的。不管是哪种情况，消费者整合过程中首先遇到的就是有关产品或品牌的信念，特别是其中的显著信念。由于人们的认知能力是有限的，不可能在头脑里储存关于某一事物的所有信念，所以只有很少一部分信念被激活然后被有意识地考虑到。那些被激活的信念叫做显著信念。只有对对象的显著信念才能形成人们对对象的态度，并进而产生相应的行为。因此，了解消费者态度的关键是弄清显著信念。

人们对产品或品牌的信念（尤其是显著信念）之所以能预测人们的态度和行为，是因为许多关于产品属性的信念本身具有评价性质。"防止蛀牙"、"可靠的表现"、"吸引人的式样"等通常被视为正面信念。一个产品或品牌与越多的正面信念相联系，则人们的态度就越积极，就越可能导致人们的购买行为。这种逻辑就是所谓的"多属性态度模型"。

多属性态度模型有几种不同的表达方式，主要观点是：人们对显著信念的评价能引发他们对事物的整体的态度。简单地说，人们趋向喜欢有"好的属性"的对象，趋向不喜欢有"坏的属性"的对象。

可见，消费者的购买决策有时可能很复杂。在运用显著信念和多属性态度模型来分析消费者的决策时，营销人员要把握以下两个方面：

a. 消费者对产品或品牌的信念的强度受到他们过去经历的影响。消费者在实际使用某产品后对该产品的属性或结果的信念的强度会趋于更高，而只是通过广告宣传或与营销人员交谈所形成的信念强度则要低得多。这是因为，建立在亲身经历基础上的信念更容易被激活，从而对人的态度和行为产生更大的影响。因此，营销人员可以通过分发免费样品或出售便宜的小包装试用品等来增加消费者的实际接触，从而最大限度地把潜在顾客转化为现实顾客。

b. 有关一个对象的显著信念的数量一般为7～9个。企业在宣传某一产品的优点时，不宜列举过多，通常列出3～5个比较适宜。对同一产品来说，由于消费者可能看重的是不同的属性，而且他可能对各属性赋予不同的“权重”，其结果就是不同的消费者对产品或品牌会产生不同的偏爱。

此外，在制定营销组合策略时，还要考虑市场类型、商品特点以及企业的促销风格等因素。

❀ **小案例**

乡镇集市营销技巧

适合农村的品项

在乡镇农村，集市是一个极为重要的消费场所，赶集是农民的一个重要消费习惯，集市所产生的消费力是任何一个有志于开拓农村市场的企业所必须重视的。

农民与城里人的消费心理截然不同。指望用城市里畅销的产品抢占农村市场往往只能是一厢情愿。因此，参与农村集市促销，首先必须研究这些热衷于赶集的农民朋友的心理，选择适合的品项，从产品的三个层次角度来说，城里人更加关注产品的技术性能、品位、精致性、品质、服务等。而农民往往更关注产品的实用层次和低价格，以及产品的分量够不够；城里人相对认同一两个品牌，而农民对品牌的忠诚度较低。当然如果既是名牌，又价格低廉，自然是最好的选择了。

比如，卫生纸行业，在有些地区，城里人喜欢用空心的卷筒卫生纸，而农民则喜欢用无芯的长条卫生纸，因为长条卫生纸无芯、长条、个子大，农民觉得实惠。

再比如，海尔的双动力洗衣机在大城市销得很好，但在农村却很少有人问津。也正因为农村的特殊性，海尔曾经生产了专门针对农村的“洗地瓜洗衣机”，轰动一时。

还有手机行业，大城市已经流行智能手机、手写手机，手机的功能越多越好；但在农村，1 000元以上的手机就不好销售了，像上网、手机QQ、蓝牙，甚至短信息功能，都不是农民热衷的。当然，那种可以向别人炫耀的音乐功能与拍照功能，农民还是很喜欢的。

价格尖刀

正是因为农民对品牌不敏感而对价格敏感，所以农村营销应该使用好价格尖刀。而乡镇农村集市又是农村营销的主战场，是品牌传播的主阵地，因此，价格显得尤为重要。

乡镇集市的特点是人流量大、辐射面广，因此作为一个品牌去参加这种集市，目的不是和那些小摊小贩一样赚几个铜板，而是让消费者试用你的产品，宣传你的品牌。搞明白我们的目的之后，价格就应该成为吸引消费者眼球的要素。

价格营销的策略很多，如针对集市期间的特价销售；限时超低价抢购；多买多折，如买一件不打折，买两件时第二件打五折；捆绑销售折让，即买一件不予打折，但是捆绑购买公司的利润型产品时给予消费者折扣；现金抵用券，即消费者在本次集市期间购买公司产品，给予一定数量的现金抵用券，或者根据产品的不同档次在包装里面放置不同金额的现金券，在下次集市时再购买公司产品或者下次在指定门店购买产品可以抵用部分货款。比如，某卫生纸企业在参加集市时，在每提卷筒纸中置入1元和2元不等的抵用券，不少消费者成了回头客。但是，价格战是把双刃剑，应注意以下几点：

(1) 宣传价格优势时，必须同时宣传品牌优势，加大公司的形象产品的推广。比如大家都知道海尔双动力洗衣机在农村销量有限，但企业还是必须大力去宣传，让消费者觉得你这个品牌是首屈一指的。

(2) 必须让消费者明白价格折让仅限于集市期间，其他时间享受不到，从而保持良好的品牌形象，不会让消费者看低你这个品牌。

(3) 既然是“价格尖刀”，那么刀必须足够锋利，也就是价格要有力度，而不能不痛不痒，引不起消费者的关注。

当然，企业必须设定好“占位产品”（也就是树形象的产品）、利润产品和“价格尖刀产品”，并且必须对爆破型（因低价而非常畅销）的“尖刀产品”限品种并限量。

定点促销和多点分销相结合

一场针对集市的促销必须要有根据地，即固定摊位。一个位置好的摊位，能起到多项功用：一是展示和销售公司产品，二是宣传促销活动内容，三是可以通过生动化的布置吸引公众眼球，以区别于竞争对手。

但光有定点促销显然是不够的，还需要多点分销，提高在集市终端的覆盖率，既增加销售，又增强消费者印象，提高品牌形象。分销点可以由公司统一安排营销人员执行，也可以选择合适的合作伙伴，由生产厂商供货。

对于多点分销应该注意以下几点：

（1）价格统一。价格如果不统一，就是在砸自己的品牌、打自己的嘴巴。

（2）促销方案统一。如果促销方案不统一，将会引起消费者的误解或反感。

（3）距离不能太近。如果距离太近了，将会产生内讧。

（4）选择的分销点位置必须要好。位置不好还不如不要。

（5）布置好分销点，使其和根据地一样能起到宣传品牌的作用。

立体化传播

集市一般都是熙熙攘攘，很多时候公司的摊位会被围得水泄不通，这时你根据摊位所做的宣传不一定能让每一个人都知道，因此，立体化的传播至关重要，让消费者“有的看、有的听、有的摸、有的赚”，让每一个消费者都接触到你的品牌。

立体化的传播方式有：

（1）定点摊位和分销摊位的生动化布置。

（2）录制促销活动的内容并不断重复播放，或者播放公司的宣传片。

（3）宣传单页的广泛派发，不要求宣传单的精致，但要求体现活动内容，如“地毯式”的派发。

（4）如果条件允许，建议用一辆大篷车在集市周围巡回宣传。

（5）在集市所在乡镇的户外布幅。

（6）路演，专门配备一辆多功能促销活动车，除了运输物资还可以当表演的舞台使用；同时聘请固定的主持人和演员队伍，可以在各个乡镇巡回演出。另外，虽然是针对乡镇农村的路演，但是不管舞台布置还是主持人或者演出节目都必须注意整体的效果、质量与品位，对于农民兄弟我们更不能瞎忽悠。

（7）企业与品牌的摄影展或者图片展。

当然，除了以上四大策略之外，促销赠品的妙用也很重要。比如，城市消费者不喜欢的挂历在农村可能很抢手；受到城市家庭欢迎的小抱枕、上班族喜欢的水杯，农民朋友却未必觉得实用；而小孩子戴的电子表、读书用的书包及文具可能会大受欢迎。

资料来源 佚名：《乡镇集市营销技巧》，载《大众商务》，2010（11）。

主要参考文献

[1] [美] 蒂姆·伯恩:《小企业创业蓝图》,王茵茵等译,大连,东北财经大学出版社,2003。

[2] [美] 阿诺德·戈尔茨坦:《稳赚》,梁少华等译,北京,中信出版社,2005。

[3] [美] 朗达·艾布拉姆斯:《成功的商业计划》(第4版),张帏等译,北京,中国人民大学出版社,2005。

[4] [美] 拉里·C. 法雷尔:《要赚就赚1000万》,里娟译,北京,中信出版社,2005。

[5] [美] 迈克尔·波特:《竞争论》,高登第、李明轩译,北京,中信出版社,2003。

[6] [美] 罗伯特·D. 赫里斯、迈克尔·P. 彼得斯:《创业学》(第5版),王玉等译,北京,清华大学出版社,2004。

[7] [美] 贾斯廷·朗格内克、卡洛斯·穆尔、小威廉·佩蒂:《小企业管理——创业之门》,郭武文等译,北京,人民邮电出版社,2006。

[8] [美] 弗朗西斯·麦古金:《提升小企业》,涂蕾、汪海栗译,深圳,海天出版社,2007。

[9] [美] 罗伯特·D. 赫里斯、迈克尔·P. 彼得斯、迪安·A. 谢泼德:《创业管理》(第7版),蔡莉、葛宝山译,北京,机械工业出版社,2009。

[10] 江卫东:《人力资源管理理论与方法》,北京,经济管理出版社,2002。

[11] 蒋璟萍:《当代大学生创业环境的基本特征》,载《中国高教研究》,2002(8)。

[12] 解培才:《企业战略管理》,上海,上海人民出版社,2002。

[13] 朗荣燊、马钧:《投资项目管理学》,北京,中国经济出版社,1997。

[14] 雷家骕、冯婉玲:《高新技术创业管理》,北京,机械工业出版

社，2001。

[15] 雷家骕等：《高新技术创业管理》，北京，机械工业出版社，2001。

[16] 李凌已：《创业的六大理论》，载《科技创业》，2003（11）。

[17] 张光辉、戴育滨、张日新：《创业管理概论》，大连，东北财经大学出版社，2006。

[18] [美] 布鲁斯·R. 巴林格、R. 杜安·爱尔兰：《创业管理成功创建新企业》，张玉理、王伟毅、杨俊译，北京，机械工业出版社，2006。

[19] 丁栋虹：《创业管理》，北京，清华大学出版社，2006。

[20] 王明玉：《生存之道——探寻小企业的成功之路》，上海，学林出版社，2008。

[21] 张光辉：《市场营销学》，北京，中国农业出版社，2009。

[22] 左昌鸿：《现代企业管理概论》，北京，中国商业出版社，1997。

[23] 常建坤、李时椿：《创业教程》，北京，清华大学出版社，2006。

[24] 教育部高等教育司组：《现代企业管理》，北京，高等教育出版社，1998。

[25] 张天桥、侯全生、李朝晖：《大学生创业第一步》，北京，清华大学出版社，2008。

[26] 韦健黎：《创业策划与操作》，北京，中国工人出版社，2007。

[27] 王振光、陈三保：《创业家实务手册》，北京，清华大学出版社，2004。

[28] 石建勋：《创业管理》，北京，清华大学出版社、北京交通大学出版社，2008。

[29] 钟联萍：《创业策划》，北京，中国纺织出版社，2002。

[30] 张光辉：《商品开发学》，广州，暨南大学出版社，2003。

[31] 哈佛商学院出版公司：《创业者百宝箱》，周松涛译，北京，商务印书馆，2007。

[32] 杜跃平：《创业管理》，西安，西安交通大学出版社，2006。

[33] 姜雪：《新开张小公司必读》，北京，中华工商联合出版社，2007。